GOLDMANN

In der Reihe Goldmann Farbige Ratgeber
sind bisher folgende Bände erschienen.

Ganz ohne Fleisch. Gesund mit vegetarischer Küche (10250)

Stricken. Die neue Strickschule (10251)

Pasta-Buch. Die schönsten Nudelgerichte (10252)

Backen. Kuchen, Torten und Gebäck (10253)

Der farbige Ratgeber

Backen

Kuchen, Torten und Gebäck

GOLDMANN VERLAG

Text- und Bildredaktion: topic GmbH, München-Karlsfeld
Gestaltung: Hubert K. Hepfinger, Freising

Made in Germany · 11/85 · 1. Auflage
Genehmigte Taschenbuchausgabe

Umschlaggestaltung: Design Team München
Umschlagfoto: Guido Pretzel
Satz: Fotosatz Skazel GmbH, München
Druck: Georg Appl, Wemding
Bindung: Augsburger Industrie-Buchbinderei GmbH
Verlagsnummer: 10253
ES · Herstellung: Sebastian Strohmaier
ISBN 3-442-10253-7

Inhalt

— Backe, backe Kuchen ... —

Wer will guten Kuchen backen? Saftige Blechkuchen, safrangelbe Napfkuchen, luftige Krapfen, knusprige Waffeln, feine Plätzchen und andere süße Versuchungen.

Neben den berühmten „sieben Sachen", die für einen guten Kuchen notwendig sind, noch ein paar Tips zum Backen, die Sie unbedingt beachten sollten: Beim Backen ist Genauigkeit unerläßlich. Selbst mit den besten Zutaten wird das Ergebnis unerfreulich, wenn man nicht sorgfältig abwiegt und die Proportionen genau aufeinander abstimmt. Halten Sie sich deshalb präzise an die verläßlichen Rezepte dieses Backbüchleins.

Ihr Herd ist das wichtigste Utensil beim Backen. Oft schwanken die Temperaturen je nach Fabrikat jedoch erheblich; Heißluft- oder Umluftöfen z. B. arbeiten mit geringeren Temperaturen. Die bei den Rezepten genannten Backzeiten sind deshalb als Mittelwerte zu verstehen. Damit nichts schiefgeht, sollten Sie also die Herstelleranweisung zu Ihrem Backofen beachten.

Bedienen Sie sich ferner der eifrigen Backhelfer, die es heute gibt: Handrührgerät und Küchenmaschine, teflonbeschichtete Backformen in vielen Variationen, Backtrennpapier etc. Sie alle erleichtern die Arbeit und sorgen für gutes Gelingen.

Und denken Sie daran: Alles was aus dem eigenen Backofen kommt – und das nicht nur zur Weihnachtszeit – ist höchst begehrt und gern vernascht von groß und klein!

Altdeutscher Napfkuchen

500 g Mehl
40 g Hefe
120 g Zucker
⅛ l lauwarme Milch
180 g Butter
3 Eier
2 Eigelb
abgeriebene Schale einer halben Zitrone
½ Teelöffel Salz
3 Eßlöffel Sahne (45 g)
je 50 g Korinthen, Rosinen
geschälte, grob gehackte Mandeln und gewürfeltes Orangeat
1 Eßlöffel Rum
Außerdem:
Butter zum Einfetten
Semmelbrösel zum Ausstreuen
30 g Puderzucker zum Bestäuben

Mehl in eine Schüssel geben. In die Mitte eine Mulde drücken. Hefe reinbröckeln. 1 Teelöffel Zucker drüberstreuen und mit etwas Milch zum Vorteig verrühren. Mit einem Küchentuch zugedeckt an einem besonders warmen Platz in 15 Minuten zur doppelten Menge aufgehen lassen.
In der Zwischenzeit die Butter, den restlichen Zucker, Eier und Eigelb schaumig schlagen. Gewürze und Sahne zufügen. Die Korinthen und Rosinen heiß waschen und trocknen. Mit Mandeln, abgeriebene Zitronenschale und Orangeat in einer Schüssel mit dem Rum mischen und zugedeckt beiseite stellen.
Die schaumige Eiermischung und die restliche Milch zum Vorteig geben und alles zu einem glatten Teig verrühren. Früchte auf den Teig geben und schnell untermischen. Den Teig jetzt bitte nicht mehr lange rühren, sonst wird er grau und unansehnlich.
Gugelhupfform mit Butter einfetten und mit Semmelbröseln ausstreuen. Teig reinfüllen und mit einem Küchentuch zugedeckt noch mal 15 Minuten gehen lassen. Er soll dabei etwa die Hälfte an Volumen zunehmen.
Gugelhupf in den vorgeheizten Ofen auf die mittlere Schiene schieben.
Backzeit: 60 Minuten
Elektroherd: 200 Grad
Gasherd: Stufe 3 oder ⅓ große Flamme
Gugelhupf vorsichtig auf einen Kuchendraht

stürzen und noch warm mit Puderzucker gleichmäßig bestäuben.
Altdeutscher Napfkuchen schmeckt am besten nach etwa zwei Tagen.

Berliner Napfkuchen

Trauben sind das Besondere am Berliner Napfkuchen.

300 g Mehl
15 g Hefe
3 Eßlöffel lauwarme Milch (45 ccm)
100 g Zucker
175 g Butter
1 Prise Salz

Mehl in eine Schüssel geben. In die Mitte eine Mulde drücken. Hefe reinbröckeln. Mit Milch, etwas Zucker und etwas Mehl vom Rand verrühren. 15 Minuten gehen lassen.
Den restlichen Zucker, die weiche Butter, Salz, Eier und Zitronenschale in den Teig kneten. Noch mal 20 Minuten gehen lassen.

3 Eier
abgeriebene Schale einer Zitrone
50 g Orangeat
200 g kleine blaue Weintrauben
Margarine zum Einfetten
gemahlene Mandeln zum Ausstreuen

Orangeat hacken. Weintrauben waschen, gut trocknen und die Beeren von den Stielen zupfen. Orangeat und Weinbeeren vorsichtig in den Teig kneten.
Eine Napfkuchenform von 25 cm Durchmesser einfetten und mit Mandeln ausstreuen. Teig reinfüllen und 20 Minuten gehen lassen. Form in den vorgeheizten Ofen auf die unterste Schiene stellen.
Backzeit: 50 Minuten
Elektroherd: 180 Grad
Gasherd: Stufe 2 oder knapp ⅓ große Flamme

Mozartzopf

500 g Mehl
40 g Hefe
⅛ l lauwarme Milch
150 g Zucker
1 Prise Salz
1 Päckchen Vanillinzucker
abgeriebene Schale einer Zitrone
100 g Butter oder Sanella
2 Eigelb
100 g Zitronat
50 g Orangeat
Mehl zum Formen
Margarine zum Einfetten
Milch zum Bestreichen

Mehl in eine Schüssel geben. In die Mitte eine Mulde drücken. Hefe reinbröckeln. Mit etwas Milch, Zucker und Mehl vom Rand zum Vorteig verrühren. Mit einem Küchentuch bedeckt an einem warmen Ort ungefähr 15 Minuten gehen lassen.
Restliche Milch, Zucker, Salz, Vanillinzucker, Zitronenschale, Butter oder Margarine und Eigelb zum Vorteig geben. Alles zu einem geschmeidigen Teig kneten.
Zitronat und Orangeat fein hacken und auch unterkneten. Den Teig so lange schlagen, bis er Blasen wirft und sich vom Schüsselrand löst. Zugedeckt noch mal 30 Minuten gehen lassen.
Dann mit bemehlten Händen aus dem Teig acht gleichmäßige, daumendicke Stränge formen. Die Stränge an der Oberseite zusammendrücken und eventuell mit einem schweren Gegenstand belasten.
Immer den äußeren Strang (rechts beginnend, dann zum linken überwechseln) in

einem Winkel von 90 Grad legen. Dann über 3 Stränge ziehen. So fortfahren, bis der ganze Zopf geflochten ist.

Den Zopf auf das eingefettete Backblech legen und etwas in die Länge ziehen. Noch mal 20 Minuten gehen lassen, dann mit Milch bestreichen.

Blech in den vorgeheizten Ofen auf die mittlere Schiene schieben.

Backzeit: 35 Minuten

Elektroherd: 200 Grad

Gasherd: Stufe 3 oder knapp ⅓ große Flamme

Zopf auf dem Blech erkalten lassen.

Mozartzopf schmeckt am besten frisch mit Butter bestrichen. Sie können auch Konfitüre, Marmelade oder Honig dazu reichen. Und altbackenen Mozartzopf können Sie im Toaster leicht rösten.

Das Flechten ist übrigens nicht so schwierig wie es aussieht. Wer ganz sicher gehen will, kann es vorher mit Fäden probieren.

Zugegeben, es ist nicht ganz einfach, einen Mozartzopf zu flechten. Aber mit etwas Geduld werden Sie es schaffen. Um Ihnen die Technik deutlich zu machen, sehen Sie zwölf Phasen des Arbeitsablaufs. Am besten versehen Sie die acht Hefeteigstränge auch mit Nummern und verfahren wie auf den Bildern. Dann kann bei der Zubereitung kaum noch etwas schiefgehen.

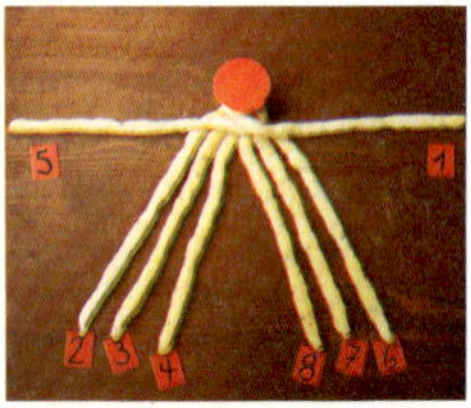

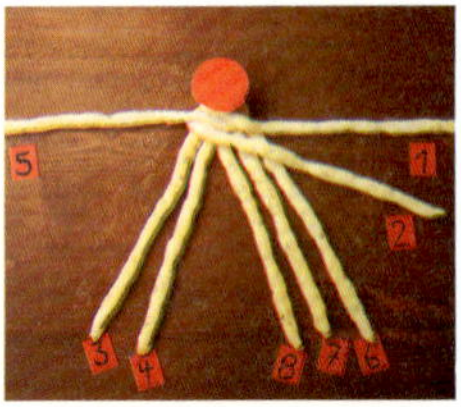

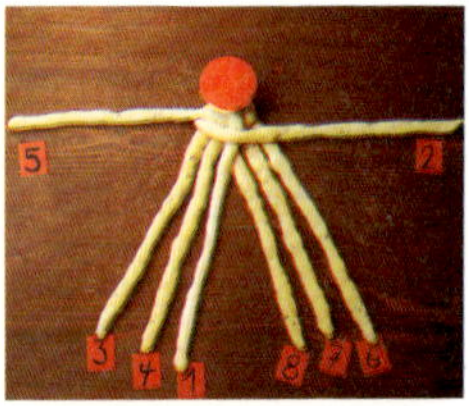

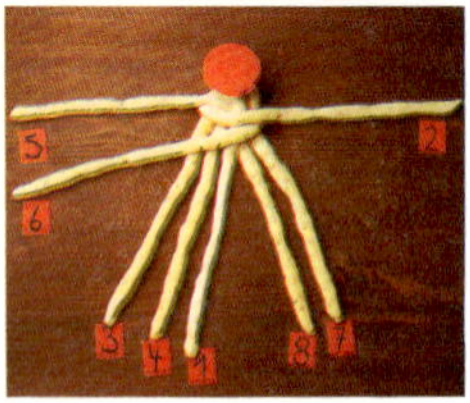

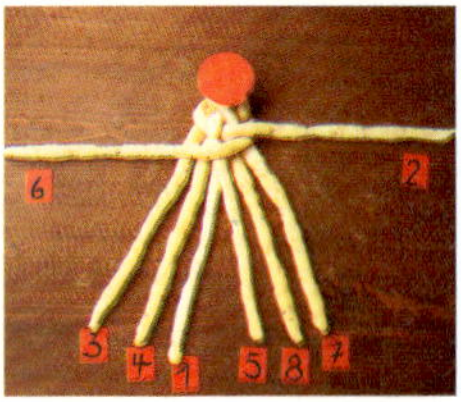

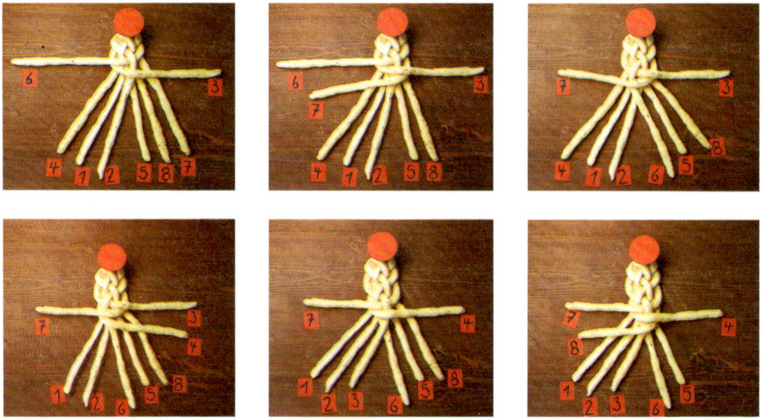

Marzipankranz

Für den Teig Mehl in eine Schüssel geben. In die Mitte eine Mulde drücken. Hefe reinbrökkeln. Mit etwas Zucker, Milch und Mehl vom Rand zum Vorteig verrühren. Mit einem Küchentuch bedeckt an einem warmen Ort 15 Minuten gehen lassen.
Restlichen Zucker, die restliche Milch, Vanillinzucker, Salz und die weiche Butter oder Margarine in die Schüssel geben. Alles zu einem geschmeidigen Teig kneten. Teig so lange schlagen, bis er Blasen wirft und sich vom Schüsselrand löst. Mit einem Tuch zugedeckt 20 Minuten gehen lassen.
Für die Füllung Mandeln und Puderzucker, Rosenwasser, Bittermandelöl, Milch und Eier in einer Schüssel zu einer geschmeidigen Masse kneten.
Korinthen in einem Sieb unter heißem Wasser abspülen, abtropfen lassen und in einem Küchentuch trockenreiben. Zitronat fein hak-

Für den Teig:
400 g Mehl
25 g Hefe
75 g Zucker
1/8 l lauwarme Milch
1/2 Päckchen Vanillinzucker
1 Prise Salz
75 g Butter oder Margarine
Für die Füllung:
300 g gemahlene Mandeln
200 g Puderzucker
1 Eßlöffel Rosenwasser
4 Tropfen Bittermandelöl
2 Eßlöffel Milch
2 Eier

ken. Beides unter die Marzipanmasse kneten. Hefeteig auf einem bemehlten Küchentuch knapp 1 cm dick zu einem Rechteck ausrollen. Füllung draufstreichen. Einen knapp 2 cm breiten Rand an einer der Längsseiten stehenlassen. Teig von der gegenüberliegenden Seite her aufrollen. Zu einem Kranz formen und die Nahtstelle gut festdrükken. Kranz vorsichtig auf ein eingefettetes Backblech legen und noch mal 30 Minuten gehen lassen.

Blech in den vorgeheizten Ofen auf die mittlere Schiene schieben.

Backzeit: 50 Minuten

Elektroherd: 180 Grad

Gasherd: Stufe 2 oder knapp 1/3 große Flamme

Kranz aus dem Ofen nehmen. Auf einen Kuchendraht setzen. Für den Guß den gesiebten Puderzucker, Rosenwasser und Wasser glattrühren. Sofort auf den noch warmen Kranz streichen. Kranz abkühlen lassen.

100 g Korinthen
75 g Zitronat
Mehl zum Ausrollen
Margarine zum Einfetten

Für den Guß:
100 g Puderzucker
1 Eßlöffel Rosenwasser
1 Eßlöffel heißes Wasser

Marmorkuchen

Butter oder Margarine in einer Schüssel schaumig rühren. Vanillinzucker, Salz und eßlöffelweise 200 g Zucker zufügen. Nacheinander die Eier reinrühren. Mehl und Backpulver mischen. Abwechselnd mit der Milch unterrühren. Ein Drittel des Teiges abnehmen. In den übrigen Teig die Mandeln mischen.

Die Blockschokolade in eine Schüssel reiben. Mit Kakao, dem restlichen Zucker, Rum und den 4 Eßlöffeln Milch mischen. Anschließend alles unter das abgenommene Teigdrittel rühren.

250 g Butter oder Margarine
1 Päckchen Vanillinzucker
1 Prise Salz
250 g Zucker
4 Eier
500 g Mehl
1 Päckchen Backpulver
1/8 l Milch
50 g gehackte Mandeln

50 g Blockschokolade
40 g Kakao
2 Eßlöffel Rum
4 Eßlöffel Milch
Margarine zum Einfetten
2 Eßlöffel Puderzucker

Eine Napfkuchenform (24 cm Durchmesser) einfetten. Erst die Hälfte des hellen Kuchenteiges, dann den dunklen Teig und darauf den restlichen hellen Teig einfüllen. Mit einer Gabel oder einem Holzstiel spiralenförmig durch den eingeschichteten Teig ziehen. So kommt die Marmorierung zustande. In den vorgeheizten Ofen auf die untere Schiene stellen.
Backzeit: 90 Minuten
Elektroherd: 180 Grad
Gasherd: Stufe 3 oder 1/3 große Flamme
Kuchen aus dem Ofen nehmen. Etwas abkühlen lassen. Dann auf einen Kuchendraht stürzen. Mit Puderzucker bestäuben. Ganz abkühlen lassen.

Elsässer Gugelhupf

- 40 g Hefe
- 2 Teelöffel Zucker
- 1/8 l lauwarme Milch
- 500 g Mehl
- 50 g kernlose Rosinen
- 2 Eßlöffel Rum
- 200 g Butter
- 90 g Puderzucker
- 4 Eier
- 2 Teelöffel Salz
- 1 Eßlöffel Mehl zum Bestäuben
- Margarine zum Einfetten
- 10 geschälte ganze Mandeln

Hefe zerbröckeln, mit Zucker und der halben Menge Milch verrühren, mit 100 g Mehl zu einem Vorteig mischen und zugedeckt an einem warmen Ort 20 Minuten gehen lassen. Inzwischen die gewaschenen, abgetropften Rosinen in Rum einweichen, Butter und Puderzucker schaumig rühren. Eier, Salz, den Rum von den eingeweichten Rosinen, die restliche Milch und den Rest des Mehls druntermischen und zu einem glatten, glänzenden Teig verarbeiten.

Hefevorteig drunterkneten. Den Teig kräftig schlagen, bis er Blasen wirft und sich vom Schüsselrand löst. Rosinen mit Mehl bestäuben, drunterkneten. Eine Napfkuchenform von 24 cm Durchmesser und 10 cm Höhe sorgfältig einfetten. Die Mandeln halbieren und mit der Schnittseite nach oben auf dem gerippten Boden der Form gleichmäßig verteilen. Den Teig einfüllen. Die Form soll nur

zur Hälfte gefüllt sein. Etwa 2 Stunden zugedeckt an einem warmen, zugfreien Platz gehen lassen, bis der Teig den Rand der Form erreicht hat. Form in den vorgeheizten Backofen auf die mittlere Schiene stellen und den Kuchen goldbraun backen.
Backzeit: 35 Minuten
Elektroherd: 200 Grad
Gasherd: Stufe 3 oder ⅓ große Flamme
Kuchen gleich aus der Form lösen und auf einen Kuchendraht stürzen.
Diesen Gugelhupf können Sie auch mit 30 g Puderzucker bestäuben.

Haselnußkuchen

300 g Butter oder Sanella
250 g Zucker
1 Prise Salz
4 Eier
250 g Mehl
3 Teelöffel Backpulver
200 g geriebene Haselnüsse
Margarine zum Einfetten
Für den Guß:
150 g Puderzucker
2 Eßlöffel Kakao (20 g)
3 Eßlöffel Rum
3 Eßlöffel Wasser

Butter oder Margarine, Zucker und eine kräftige Prise Salz in einer Schüssel schaumig rühren. Nach und nach die Eier aufschlagen und reingeben. Mehl und Backpulver mischen. Mit den Haselnüssen in die Schüssel geben. Rühren, bis der Teig reißend vom Löffel fällt.
Kastenform einfetten. Teig reinfüllen. Auf die mittlere Schiene in den vorgeheizten Ofen stellen.
Backzeit: 60 Minuten
Elektroherd: 200 Grad
Gasherd: Stufe 4 oder knapp ½ große Flamme
Für den Guß Puderzucker mit dem Kakao in einer Schüssel mischen. Mit Rum und Wasser glattrühren. Kuchen auf einen Kuchendraht stürzen. Noch heiß mit dem Guß überziehen.
Dieser Kuchen läßt sich besonders gut auf Vorrat backen, denn sein volles Aroma entwickelt er erst nach drei Tagen.

Haselnußkuchen entwickelt sein volles Aroma nach 3 Tagen.

Großmutters Käsekuchen

Für den Teig:
200 g Löffelbiskuit
50 g Butter oder Sanella
Für die Füllung:
1 kg Magerquark
350 g (2 Becher) saure Sahne
200 g Zucker
40 g geschälte, gemahlene Mandeln
6 Eier
2 Glas (je 2 cl) Rum

Biskuit im Mixer zerbröseln, mit der Butter oder Margarine zu einem Teig kneten. In eine Schüssel legen und zugedeckt 15 Minuten in den Kühlschrank stellen.
Inzwischen die Zutaten für die Füllung verrühren. Springform von 26 cm Durchmesser einfetten. Teig auf dem Boden verteilen, am Rand leicht hochdrücken. Creme einfüllen. Im vorgeheizten Backofen auf der mittleren Schiene backen.
Backzeit: 60 Minuten
Elektroherd: 200 Grad
Gasherd: Stufe 3 oder 1/3 große Flamme
Kuchen in der Form abkühlen lassen. Aus der

abgeriebene Schale einer Zitrone
Margarine zum Einfetten

Form lösen und auf einem Kuchendraht vor dem Anschneiden völlig auskühlen lassen. Dieser Käsekuchen eignet sich gut zum Einfrieren.

Wer für den Biskuit nicht extra die Küchenmaschine benutzen möchte, kann ihn auch leicht zerbröckeln und zwischen zwei Pergamentpapierblättern ausrollen. Oder geben Sie die Stücke in eine Plastiktüte und zerbröseln Sie sie mit dem Rollholz. Das geht auch sehr schnell.

Großmutters Käsekuchen ist ganz einfach wunderbar.

Johannisbeerkuchen

500 g rote Johannisbeeren
40 g Butter oder Margarine
1 Ei
75 g Zucker
1 Päckchen Vanillinzucker
Saft einer Zitrone

Johannisbeeren mit kaltem Wasser gut abspülen. Mit einer Gabel von den Rispen streifen. Auf einem Sieb abtropfen lassen. Beiseite stellen.

Für den Teig Butter oder Margarine in einer Schüssel schaumig rühren. Dann Ei, Zucker, Vanillinzucker, Zitronensaft und Salz zugeben. Mehl mit Backpulver mischen und mit der Sahne nach und nach unter den Teig rüh-

ren. Der Teig soll ziemlich schwer vom Löffel fallen.
Eine Springform von 24 cm Durchmesser einfetten. Mit 2 Eßlöffel Semmelbröseln bestreuen. Teig in die Form füllen und mit den restlichen Semmelbröseln bestreuen.
Johannisbeeren in eine Schüssel geben. Eiweiß in einem Topf steif schlagen. Zucker nach und nach zugeben. Mandeln unterheben. Die Hälfte der Masse mit den Beeren mischen und auf dem Teig verteilen. Mit dem Rest der Eiweißmasse den Kuchen abdekken. In den vorgeheizten Ofen auf die mittlere Schiene stellen.
Backzeit: 80 Minuten
Elektroherd: 180 Grad
Gasherd: Stufe 3 oder ⅓ große Flamme
Den fertigen Kuchen dick mit Puderzucker bestreuen.

1 Prise Salz
200 g Mehl
1 Teelöffel Backpulver
2 Eßlöffel Sahne
Margarine zum Einfetten
4 Eßlöffel Semmelbrösel
Für den Belag:
6 Eiweiß
200 g Zucker
125 g gemahlene Mandeln
100 g Puderzucker zum Bestreuen

Gedeckter Apfelkuchen

Für den Teig Mehl auf ein Backbrett oder in eine flache Schüssel geben. In die Mitte eine Mulde drücken. Darein kommen Ei, Salz und Vanillinzucker. Butter oder Margarine in

Für den Teig:
250 g Mehl
1 Ei
1 Prise Salz

1 Päckchen Vanillinzucker
125 g Butter oder Margarine
125 g Zucker
Für die Füllung:
600 g Äpfel
Saft einer halben Zitrone
Mehl zum Bestäuben
3 Eßlöffel Semmelbrösel (30 g)
Margarine zum Einfetten
3 Eßlöffel Zucker (40 g)
1 Teelöffel Zimt
100 g Rosinen
50 g gehackte Mandeln
Für den Guß:
100 g Puderzucker
3 Eßlöffel Zitronensaft

Flöckchen auf dem Mehlrand verteilen. Zukker drüberstreuen. Von außen nach innen schnell einen glatten Teig kneten. 30 Minuten in den Kühlschrank stellen.
In der Zwischenzeit die Äpfel schälen, vierteln. Kerngehäuse rausschneiden. Fruchtfleisch in dünne Scheiben schneiden. Mit Zitronensaft beträufeln. Backbrett oder Arbeitsfläche mit Mehl bestäuben. Die Hälfte des Teiges darauf zur runden Platte ausrollen. In eine eingefettete Springform geben. Rand andrücken. Semmelbrösel auf dem Tortenboden verteilen. Apfelstückchen drübergeben. Zucker und Zimt mischen. Mit den gewaschenen, trockengetupften Rosinen und den Mandeln auf die Äpfel verteilen.
Restlichen Teig in Springformgröße ausrollen. Als Deckel auf die Äpfel legen. In den vorgeheizten Ofen auf die mittlere Schiene schieben.
Backzeit: 45 Minuten
Elektroherd: 200 Grad
Gasherd: Stufe 4 oder knapp ½ große Flamme
Torte rausnehmen. Springformrand abmachen. Torte leicht abkühlen lassen. Dann auf den Kuchendraht schieben.
Für den Guß Puderzucker mit Zitronensaft in einer Schüssel verrühren. Über den noch warmen Kuchen streichen. Fest werden lassen.

Gedeckter Apfelkuchen ist seit vielen Generationen beliebt.

Blechkuchen-Grundrezept

Für den Teig Mehl in eine Schüssel geben. In die Mitte eine Mulde drücken. Hefe reinbröckeln. Lauwarme Milch drübergießen. Mit Zukker bestreuen und mit etwas Mehl vom Rand zum Vorteig verrühren. Zugedeckt an einem warmen Ort 15 Minuten gehen lassen.
Abgeriebene Zitronenschale, Salz und Butter oder Margarine in Flöckchen auf dem Mehlrand verteilen. Alles zu einem glatten Teig verarbeiten. So lange schlagen, bis sich der Teig vom Schüsselboden löst und Blasen wirft. Nochmals zugedeckt an einem warmen Ort 30 Minuten gehen lassen.
Backblech einfetten, Teig draufgeben und ausrollen. An die offene Blechseite einen hochgekippten Alufolienstreifen legen, damit der Teig beim Backen nicht runterläuft. Den Teig mit einem Belag belegen. Noch mal 20 Minuten gehen lassen.

Für den Teig:
500 g Mehl
30 g Hefe
¼ l lauwarme Milch
75 g Zucker
abgeriebene Schale einer Zitrone
1 Prise Salz
100 g Butter oder Margarine
Außerdem:
Mehl zum Ausrollen
Butter oder Margarine zum Einfetten

... mit Äpfeln

Korinthen in einer Schüssel mit kochendem Wasser übergießen, 5 Minuten ziehen lassen. Danach auf ein Sieb schütten, gut abtropfen lassen. Äpfel schälen, vierteln, entkernen. In 3 mm dicke Scheiben schneiden. Die Teigplatte schuppenförmig damit belegen. Mit zerlassener Butter bestreichen. Korinthen draufstreuen.
Zucker und Zimt in einer Schüssel mischen. Drübergeben. Nach 20 Minuten in den vorgeheizten Ofen auf die mittlere Schiene schieben.
Backzeit: 30 Minuten
Elektroherd: 220 Grad

120 g Korinthen
1500 g Äpfel
1 Teigplatte (s. Grundrezept)
30 g zerlassene Butter
125 g Zucker
½ Teelöffel Zimt

Blechkuchen kann viele Gesichter haben. Baisermasse, Korinthen und gehackte Mandeln sind die Variationen.

... mit Pflaumen

1500 g Pflaumen
1 Teigplatte (s. Grundrezept)
100 g grob gehackte Mandeln
150 g Zucker

Pflaumen waschen, abtrocknen und entsteinen. Schuppenartig auf den Teig legen (aufgeschnittene Seite nach oben). Mit grob gehackten Mandeln und 75 g Zucker bestreuen. Nach 20 Minuten in den vorgeheizten Ofen auf die mittlere Schiene schieben.
Backzeit: 30 Minuten
Elektroherd: 220 Grad
Gasherd: Stufe 4 oder knapp ½ große Flamme
Rausnehmen. Mit dem restlichen Zucker bestreuen. Abkühlen lassen.

... mit Stachelbeeren

1500 g Stachelbeeren
175 ccm Wasser
250 g Zucker
1 Stück Zitronenschale
1 Teigplatte (s. Grundrezept)
Für den Baiserguß:
5 Eiweiß
250 g Zucker
1 Päckchen Vanillinzucker
2 Teelöffel Zitronensaft

Stachelbeeren putzen, waschen und abtropfen lassen. Wasser, Zucker und Zitronenschale in einem Topf aufkochen. Stachelbeeren reingeben. 10 Minuten bei kleiner Hitze gar ziehen lassen. Mit einem Schaumlöffel rausnehmen, abtropfen lassen und auf der Teigplatte gleichmäßig verteilen.
Noch mal 20 Minuten gehen lassen. Anschließend in den vorgeheizten Ofen auf die mittlere Schiene schieben.
Backzeit: 20 Minuten
Elektroherd: 200 Grad
Gasherd: Stufe 3 oder ⅓ große Flamme
Eiweiß in einer Schüssel zu steifem Schnee schlagen. Zucker und Vanillinzucker einrieseln lassen. Zitronensaft reingeben. Kuchen aus dem Ofen nehmen. Baisermasse gitterförmig auf den Kuchen spritzen. Nochmals für 15 Minuten bei 200 Grad in den Ofen auf die mittlere Schiene schieben.

Biskuit-Roulade

Eigelb mit heißem Wasser schaumig schlagen. Nach und nach Zucker und Vanillinzukker zugeben. Eiweiß steif schlagen. Auch reingeben. Mehl mit Speisestärke und Backpulver mischen. Draufsieben. Locker unterheben. Backblech mit Pergamentpapier belegen. Einfetten. Teig darauf verteilen. Papier an der vorderen Kante hochknicken. In den gut vorgeheizten Ofen schieben.
Backzeit: 10–15 Minuten

3 Eigelb
3 Eßlöffel heißes Wasser
120 g Zucker
1 Päckchen Vanillinzucker
3 Eiweiß
60 g Mehl
60 g Speisestärke
Zucker

1 gestrichener Teelöffel Backpulver
Butter oder Margarine zum Einfetten
Für die Creme:
½ l Milch
1 Prise Salz
1 Päckchen Vanillepuddingpulver
2 Eßlöffel Zucker
250 g Butter
Pulverkaffee
Für die Garnierung:
100 g blättrig geschnittene Mandeln
Mokkabohnen

Elektroherd: 200 Grad
Gasherd: Stufe 4 oder knapp ½ große Flamme
Nach dem Backen sofort auf ein mit Zucker bestreutes Küchentuch stürzen. Pergamentpapier anfeuchten. Abziehen. Biskuitrolle mit dem Tuch einrollen. Abkühlen lassen. Milch mit Salz aufkochen. Kalt angerührtes Puddingpulver und Zucker einrühren. Aufkochen, abkühlen lassen. Ab und zu durchrühren, damit sich keine Haut bildet. Butter sahnig rühren. Creme eßlöffelweise reinrühren. Mit Pulverkaffee abschmecken. Biskuit-Roulade auseinanderrollen. Ein Viertel Creme zurücklassen. Übrige Creme auf der Teigplatte verteilen. Aufrollen, Roulade mit Creme bestreichen. Mit gerösteten, blättrig geschnittenen Mandeln bestreuen. Restliche Creme in den Spritzbeutel füllen. Roulade mit Creme und Mokkabohnen garnieren.

Biskuitschnitten mit Zitronensahne

Für den Biskuitteig:
4 Eiweiß
4 Eßlöffel kaltes Wasser
1 Prise Salz
200 g Zucker
1 Päckchen Vanillinzucker
abgeriebene Schale einer halben Zitrone
4 Eigelb
100 g Mehl

Für den Biskuit Eiweiß in einer Schüssel mit dem Wasser zu steifem Schnee schlagen. Dabei nach und nach Salz, Zucker und Vanillinzucker einrieseln lassen. Dann Zitronenschale und verquirltes Eigelb unterziehen. Mehl mit Speisestärke und Backpulver mischen. Unter den Eischnee ziehen.
Ein Backblech mit Pergamentpapier auslegen. Pergament einfetten und am unteren Ende hochfalzen. Teig draufstreichen. Blech in den vorgeheizten Ofen auf die mittlere Schiene schieben.
Backzeit: 15 Minuten

Elektroherd: 200 Grad
Gasherd: Stufe 3 oder ⅓ große Flamme
Während der Backzeit die Füllung zubereiten: Gelatine in kaltem Wasser einweichen. Sahne in einer Schüssel steif schlagen. Dabei den Puderzucker einrieseln lassen. Ausgedrückte Gelatine erwärmen und unter Rühren auflösen. Mit Zitronensaft und dem Likör mischen. Unter die Sahne ziehen. Füllung in den Kühlschrank stellen.
Blech aus dem Ofen nehmen. Biskuit auf ein mit Zucker bestreutes Küchentuch stürzen. Pergamentpapier mit kaltem Wasser bestreichen und schnell abziehen. Biskuit erkalten lassen. Dann in zwei Teile schneiden.
Eine Biskuithälfte mit der Zitronensahne bestreichen. Die andere Hälfte drauflegen. Vorsichtig mit einem in heißes Wasser getauchten Messer in gleichmäßige Schnitten schneiden. Schnitten mit Puderzucker bestäuben.

100 g Speisestärke
½ Teelöffel Backpulver
Margarine zum Einfetten
Für die Füllung:
4 Blatt weiße Gelatine
½ l Sahne
75 g Puderzucker
Saft von zwei Zitronen
1 Glas (2 cl) Zitronen- oder Orangenlikör
2 Eßlöffel Zucker zum Aufrollen
Puderzucker zum Bestäuben

Buttercremetorte

Für die Creme:
½ l Milch
1 Prise Salz
100 g Zucker
2 Päckchen Vanillinzucker
45 g Speisestärke
1 Eigelb
200 g Butter
1 Packung Wiener Böden (fertig gekauft)
300 g Marmelade zum Füllen
100 g geröstete Mandelblättchen

Milch mit Salz, Zucker und Vanillinzucker aufkochen. Speisestärke mit kaltem Wasser anrühren. Eigelb reinquirlen. Unter Rühren in die kochende Milch geben. Aufkochen lassen. Abkühlen. Zwischendurch immer wieder umrühren, damit sich keine Haut bildet. In der Zwischenzeit die Butter schaumig rühren. Kalte Creme eßlöffelweise dazugeben. Bitte sehr gut verrühren, damit sich keine Klümpchen bilden. Ein Drittel der Crememasse in den Spritzbeutel geben. Im Kühlschrank aufbewahren. Ersten Tortenboden mit Marmelade bestreichen. Zweiten Boden drauflegen. Mit Buttercreme bestreichen. Darauf kommt der dritte Boden. Torte ganz mit Buttercreme überziehen. Rand mit blättrigen Mandeln garnieren. Mit dem Spritzbeutel je einen großen Tuff Buttercreme auf die Stücke spritzen. Ein dicker Tuff kommt in die Mitte. Mit Früchten und einem gehäuften Eßlöffel blättrig geschnittenen Mandeln garnieren. Bis zum Servieren kalt stellen.

kandierte Früchte
und Geleefrüchte
zum Garnieren

Kiwi-Torte

75 g Butter
75 g Zucker
1 Päckchen Vanillinzucker
abgeriebene Schale einer Orange
1 Ei
5 Eßlöffel Milch
75 g Mehl
75 g Speisestärke
1 gestrichener Teelöffel Backpulver
Margarine zum Einfetten
Für den Belag:
500 g Kiwis
50 g Zucker
1 Vanilleschote
125 ccm Weißwein
3 Blatt weiße Gelatine
Für die Garnierung:
1/8 l Sahne
30 g Puderzucker
6 Kumquats

Butter mit Zucker und Vanillinzucker schaumig rühren. Orangenschale, Ei und Milch zufügen. Mehl mit Speisestärke und Backpulver unterheben. Eine Tortenbodenform von 26 cm Durchmesser einfetten.
Teigmasse darin verteilen. Form auf die untere Schiene in den vorgeheizten Ofen stellen.
Backzeit: 20 Minuten
Elektroherd: 180 Grad
Gasherd: Stufe 2 oder knapp 1/3 große Flamme
Kuchen auskühlen lassen. Kiwifrüchte schälen und in 1 cm dicke Scheiben schneiden. Mit Zucker, der Länge nach aufgeschnittener Vanilleschote und Weißwein 3 Minuten dünsten. Abtropfen und erkalten lassen. Saft auffangen. Mit den Kiwischeiben den Tortenboden belegen. Gelatine in kaltem Wasser 5 Minuten einweichen. Saft erhitzen, Gelatine reinrühren. 10 Minuten abkühlen lassen. Dann über die Torte gießen. Sahne und Puderzucker steif schlagen. In einen Spritzbeutel füllen und den Rand der Torte mit 24 Sahnetupfern verzieren.
Kumquats halbieren und auf jeden zweiten Sahnetupfer eine Hälfte setzen.

Rumtopf-Torte

1 Tortenboden (fertig gekauft)
2 Becher Joghurt (je 175 g)
2 Eßlöffel Zucker (40 g)
2 Teelöffel Rum
6 Blatt Gelatine

Tortenboden auf eine Tortenplatte legen.
Joghurt mit Zucker, Rum und abgeriebener Zitronenschale in einer Schüssel verquirlen. Gelatine in kaltem Wasser einweichen, ausdrücken und in einem Topf auflösen. Leicht abgekühlt in das Joghurt rühren. Dabei kräftig schlagen. Dann die Joghurtcreme zugedeckt 15 Minuten in den Kühlschrank stellen.

Inzwischen Sahne in einer Schüssel steif schlagen. Unter die Joghurtcreme heben. Creme auf den Tortenboden verteilen und die Oberfläche glattstreichen. Torte zugedeckt 15 Minuten ins Gefriergerät stellen. Dann mit den abgetropften Rumfrüchten belegen.
Aus Rumtopfflüssigkeit, Wasser, Zitronensaft und Tortenguß nach Vorschrift eine Glasur zubereiten. Über die Rumfrüchte gießen. Guß erstarren lassen.
Blättrige Mandeln 2 Minuten in der heißen Pfanne rösten. Tortenrand damit garnieren.

½ Teelöffel abgeriebene Zitronenschale
⅛ l Sahne
500 g Rumtopffrüchte
⅛ l Rumtopfflüssigkeit
⅛ l Wasser
Saft einer Zitrone
1 Päckchen roter Tortenguß
30 g blättrige Mandeln

— Baisertorte mit Sauerkirschen —

300 g Mehl
1 Eigelb
100 g Zucker
200 g Butter
1 Messerspitze
gemahlener Zimt
Mehl zum Ausrollen
Für die Füllung:
175 g Orangenmarmelade
1 Glas Sauerkirschen ohne
Steine (850 g)
150 ccm Kirschsaft
50 g Zucker
1 gehäufter Teelöffel
Speisestärke
Außerdem:
20 g Butter zum
Einfetten
60 g blättrige
Mandeln
40 g Orangenmarmelade
3 Eiweiß
120 g Zucker

Alle Zutaten für den Mürbeteig in eine Schüssel geben. Mit dem Knethaken des Handrührgerätes ganz schnell zu einem glatten Teig kneten. Zu einer Kugel formen und zugedeckt 60 Minuten in den Kühlschrank legen. Teig in 3 gleich große Teile schneiden und drei runde Platten von 24 cm Durchmesser auf der bemehlten Arbeitsfläche ausrollen. Nacheinander auf ein ungefettetes Backblech legen. Mit einer Gabel einige Male einstechen, damit sich beim Backen keine Blasen bilden. Blech in den vorgeheizten Ofen auf die mittlere Schiene schieben.
Backzeit: 12 Minuten
Elektroherd: 200 Grad
Gasherd: Stufe 3 oder 1/3 große Flamme
Mürbeteigböden aus dem Ofen nehmen und noch warm mit der Orangenmarmelade bestreichen. Zu einer Torte zusammensetzen. Kirschen auf einem Sieb abtropfen lassen. Saft dabei auffangen.
Kirschsaft, bis auf 3 Eßlöffel, mit dem Zucker in einem Topf aufkochen. Speisestärke mit dem restlichen Kirschsaft anrühren, unter Rühren in den kochenden Kirschsaft geben. Kräftig aufkochen lassen. Erst dann die abgetropften Kirschen reingeben.
Rand der Springform (24 cm Durchmesser) mit Butter einfetten und um die Mürbeteigböden legen. Die warme Kirschmasse reingeben und abkühlen lassen. Mandeln ohne Fett in einer Pfanne in 2 Minuten goldgelb rösten. Springformrand abnehmen. Tortenrand mit warmer Orangenmarmelade bestreichen. Die gerösteten Mandeln mit einem Teigspatel am Tortenrand hochziehen. Eiweiß und Zucker zu sehr steifem Schnee schlagen. In

einen Spritzbeutel mit großer Sterntülle geben und in Tupfen an den Rand der Oberfläche spritzen.
Unter den vorgeheizten Grill (unterste Schiene) schieben. Überflämmen, bis die Spitzen leicht braun sind.
Grillzeit: 4 Minuten
Oder im vorgeheizten Ofen (mittlere Schiene) überbacken.
Backzeit: 12 Minuten
Elektroherd: 300 Grad
Gasherd: Stufe 8 oder große Flamme
Diese Torte sollte möglichst noch am selben Tag serviert werden, sonst wird die Baisermasse zäh.

Ein Belag mit Sauerkirschen ist für eine Baisertorte sehr zu empfehlen. Dazu paßt eine Füllung mit Orangenmarmelade.

Eiweiß mit kaltem Wasser in einer Schüssel steif schlagen. Zucker dabei einrieseln lassen. Zitronenschale, Vanillinzucker und Eigelb kurz unterrühren. Mehl, Speisestärke und Backpulver locker unterheben. Springform (Durchmesser 26 cm) ganz mit Pergamentpapier auslegen, einfetten. Teig reinfüllen. In den vorgeheizten Ofen auf die untere Schiene schieben.
Backzeit: 35 Minuten
Elektroherd: 180 Grad
Gasherd: Stufe 3 oder 1/3 große Flamme
Tortenboden rausnehmen, auf einem Kuchendraht abkühlen lassen, dann einmal durchschneiden und mit Maraschinolikör beträufeln. Sahne steif schlagen. Mit Puderzucker und Vanillinzucker süßen. Torte mit der Hälfte der Sahne füllen. Ringsum mit Sahne bestreichen. Torte in zwölf Stücke einteilen. Restliche Sahne in den Spritzbeutel (mit Sterntülle) geben.
Die Torte mit Sahneringen garnieren. Johannisbeergelee in die Ringe füllen. Blättrige Mandeln in einer Pfanne 3 Minuten bräunen. Torte damit bestreuen.

4 Eiweiß
4 Eßlöffel kaltes Wasser
150 g Zucker
abgeriebene Schale einer Zitrone
1 Päckchen Vanillinzucker
4 Eigelb
100 g Mehl
50 g Speisestärke
1 Teelöffel Backpulver
Margarine zum Einfetten
Für Füllung und Belag:
3 Glas (je 2 cl) Maraschinolikör
3/4 l Sahne
40 g Puderzucker
2 Päckchen Vanillinzucker
20 g Johannisbeergelee
1 Beutel blättrige Mandeln (70 g)

Diese Sahnetorte für den zünftigen Kaffeeklatsch macht wenig Mühe. Probieren Sie das Rezept, wenn es mal schnell gehen muß.

Da wird jeder schwach...

Brioches

500 g Mehl
30 g Hefe
1 Teelöffel Zucker
¼ l lauwarme Milch
100 g Butter oder Sanella
50 g Zucker
2 Eier
½ Teelöffel Salz
abgeriebene Schale einer halben Zitrone
Mehl zum Ausformen
Sanella zum Einfetten
1 Eigelb zum Bestreichen

Brioches werden immer aus einem schweren Hefeteig mit viel Butter und Eiern zubereitet und nur schwach gesüßt. Wichtig für ihre Zubereitung: Der Teig muß dreimal gehen. Dann erst sind die Brioches backreif.

Mehl in eine Schüssel sieben, in die Mitte eine Vertiefung machen, die Hefe hineinbröckeln, Zucker zugeben und mit der lauwarmen Milch verrühren. Dieses Hefestück dicht mit Mehl bestäuben und zugedeckt an einem warmen, zugfreien Platz gehen lassen. Nach etwa 15 Minuten zeigen sich Risse in der Oberfläche – die Hefe ist ausreichend gegangen. In der Zwischenzeit die Butter oder Margarine schmelzen lassen und abgekühlt mit dem Zucker, den Eiern, Salz und Zitronenschale zu Mehl und Hefestück geben. Die Zutaten gut vermischen und zu einem glatten Teig schlagen, bis er sich vom Schüsselrand löst.

Teig leicht mit Mehl bestäuben, zugedeckt an einem warmen Ort 15 bis 20 Minuten gehen lassen. Teig auf einer bemehlten Fläche zu einer langen Rolle formen und in 20 gleichmäßige Stücke teilen. Von jedem Stück ein Viertel abschneiden. Von den großen und kleinen Teigstücken mit der Hand Kugeln formen. Kleine gerippte Tortenförmchen einfetten. Die großen Teigkugeln zuerst hineinsetzen, eine Mulde hineindrücken, mit verquirltem Eigelb bestreichen und die kleinen

Kugeln draufsetzen. Ebenfalls mit Eigelb bestreichen.
Brioches wieder 10 Minuten gehen lassen. Im vorgeheizten Backofen auf der mittleren Schiene backen.
Backzeit: 15–20 Minuten
Elektroherd: 220 Grad
Gasherd: Stufe 4 oder knapp ½ große Flamme
Die Brioches sind fertig gebacken, sobald sie sich leicht aus der Form lösen lassen.
Brioches können Sie mit Butter und Marmelade zum Frühstück servieren oder mit Schokoladenglasur überzogen oder gefüllt mit Cremes, Sahne oder Früchten als Dessert und Kaffeegebäck reichen.
Ergibt 20 Stück.

Brioches schmecken nicht nur in Frankreich!

Croissants

250 g Mehl
20 g Hefe
⅛ l Milch
40 g Zucker

Mehl in eine Schüssel sieben. In die Mitte eine Mulde drücken. Hefe mit etwas lauwarmer Milch auflösen. In die Mehlmulde geben. Zur doppelten Menge aufgehen lassen. Restliche

Milch, Zucker, Salz, ganzes Ei und Eiweiß dazugeben. Alles zu einem Teig verarbeiten. Über Nacht an einem kühlen Ort zugedeckt gehen lassen.
Am nächsten Morgen Teig ½ cm dick ausrollen. Die Hälfte der Butter in Flöckchen auf den Teig setzen. Teig vierfach zusammenschlagen. Ausrollen. Diesen Vorgang so lange wiederholen, bis der Teig die Butter ganz aufgenommen hat. Teig 10 Minuten an kühler Stelle ruhen lassen. Mit der restlichen Butter ebenso verfahren. Wieder ruhen lassen. Dann noch zweimal ohne Butter zusammenfalten, ausrollen, ruhen lassen. Teig ½ cm dick ausrollen. 10 mal 10 cm große Quadrate ausschneiden. Diese in jeweils zwei Dreiecke teilen. Von der breiten Seite zur spitzen Seite zusammenrollen und zur Hörnchenform biegen. Blech mehlen, Hörnchen drauflegen und nochmals 20 Minuten gehen lassen. Dann mit verquirltem Eigelb bestreichen und im vorgeheizten Ofen 20 Minuten backen.
Elektroherd: 200 Grad
Gasherd: Stufe 5 oder knapp ½ große Flamme
Ergibt 10 Stück.

1 Prise Salz
1 Ei
1 Eiweiß
80 g Butter
1 Eigelb

Mandelhörnchen

Hefe in einem Becher mit lauwarmer Milch verrühren. Weiche Butter oder Margarine und Mehl mit 2 Gabeln vermischen. Zucker, Eigelb, Eier, Salz und Hefe gut untermischen. Kneten, bis sich der Teig von der Schüssel löst. Zugedeckt 20 Minuten aufgehen lassen. Für die Füllung Mandeln mit Zucker, Zitronenschale, Rum und heißer Milch verrühren.

Für den Teig:
40 g Hefe
4 Eßlöffel lauwarme Milch
100 g Butter oder Margarine
500 g Mehl
100 g Zucker

1 Eigelb
2 Eier
1 Prise Salz
Für die Füllung:
250 g gemahlene Mandeln
150 g Zucker
6 Eßlöffel heiße Milch

Teig ½ cm dick auf einem bemehlten Backbrett oder auf bemehlter Arbeitsfläche ausrollen. Vierecke (5 cm breit und 5 cm lang) ausschneiden und die Mitte mit Füllung belegen. Mit einer Ecke beginnend zu Hörnchen aufrollen und auf ein ungefettetes Backblech legen. Noch 45 Minuten aufgehen lassen. In den vorgeheizten Ofen auf die mittlere Schiene schieben.

Backzeit: 20 Minuten
Elektroherd: 200 Grad
Gasherd: Stufe 4 oder knapp ½ große Flamme
Rausnehmen. Auf einem Kuchendraht abkühlen.
Ergibt 10 Stück.

abgeriebene Schale einer halben Zitrone
1 Eßlöffel Rum
Mehl zum Ausrollen

Gefüllte Schmalzhörnchen

Mehl in eine Schüssel geben. In der Mitte eine Mulde drücken. Hefe reinbröckeln, mit Zukker, Milch und etwas Mehl vom Rand zum Vorteig verrühren.

Für den Teig:
500 g Mehl
40 g Hefe
50 g Zucker

Ganz frisch sollten sie sein, die gefüllten Schmalzhörnchen.

¼ l lauwarme Milch
abgeriebene Schale einer halben Zitrone
½ Teelöffel Salz
2 Eier
50 g Butter oder Sanella
70 g gemahlene Mandeln
Mehl zum Ausrollen
Für die Füllung:
150 g Pflaumenmus
2000 g Schmalz zum Ausbacken
50 g Puderzucker zum Bestäuben

Mit einem Küchentuch bedeckt an einem warmen Ort 15 Minuten aufgehen lassen.
Abgeriebene Zitronenschale, Salz, Eier, das weiche Fett dazugeben. Alles unterkneten. Teig so lange schlagen, bis er Blasen wirft und sich vom Schüsselrand löst. Noch mal 20 Minuten gehen lassen.
Mandeln in den Teig kneten. Von dem Teig 50 g schwere Stücke abtrennen und zu Kugeln formen.
Auf bemehlter Arbeitsfläche 5 Minuten ruhen lassen. Mit dem Rollholz ovale Fladen von 25 bis 30 cm Länge ausrollen. Auf jedes Teigstück je am Teigende einen Teelöffel Pflaumenmus geben. Teigovale zu einer Rolle aufrollen und zu einem Hörnchen biegen. Auf eine mit Mehl bestäubte Arbeitsfläche legen, mit einem Küchentuch bedeckt 15 Minuten gehen lassen.
In der Zwischenzeit das Backfett auf 170 Grad in einem Fettopf oder einer Friteuse erhitzen. Hörnchen nacheinander darin auf jeder Seite in je 2 bis 3 Minuten goldbraun backen. Mit dem Schaumlöffel rausnehmen. Auf Haushaltspapier abtropfen lassen. Vor dem Servieren mit Puderzucker bestäuben.
Ergibt 19 Stück.

Ausgezogene

500 g Mehl
30 g Hefe
1 Teelöffel Zucker
¼ l Milch
2 Eier
80 g Zucker
1 Prise Salz
80 g Margarine

Mehl in eine Schüssel geben. Hefe reinbrökkeln. Einen Teelöffel Zucker draufstreuen. Milch lauwarm werden lassen. Die Hälfte davon auf die Hefe geben. Zum Vorteig verrühren. Gehen lassen. Das dauert etwas 20 Minuten. Dann die übrige Milch, Eier, Zucker, Salz und Zitronenschale auf den Vorteig geben. Margarine am Mehlrand in Flöckchen

verteilen. Von innen nach außen die Zutaten verrühren. Teig zu Kugeln von etwa 5 cm Durchmesser formen. Auf bemehltem Brett noch etwa 20 Minuten gehen lassen. Dann jede Kugel mit bemehlten Händen von der Mitte nach den Rändern zu so dünn ausziehen, daß die Mitte durchsichtig ist. Aber reißen darf sie nicht.
Kokosfett oder Öl im Fritiertopf erhitzen. Ausgezogene ins Fett geben. Auf beiden Seiten je 3 Minuten goldbraun backen. Darauf achten, daß die dünne Mitte weiß bleibt. Beim Wenden darf sie also kein heißes Fett mitbekommen. Rausnehmen. Gut abtropfen lassen. In Zucker wälzen.
Ergibt 15 Stück.

etwas abgeriebene Zitronenschale
500 g Kokosfett oder ½ l Öl zum Fritieren
Zucker zum Bestreuen

Gefüllte Hefekrapfen

Mehl in eine Schüssel geben. In die Mitte eine Vertiefung drücken. Die zerbröckelte Hefe mit einem Teelöffel Zucker und Milch reinge-

Für den Teig:
450 g Mehl
30 g Hefe

Ein Gebäck zum Verlieben: gefüllte Hefekrapfen mit Sahne.

60 g Zucker
¼ l lauwarme Milch
60 g Butter oder Margarine
1 Teelöffel Salz
Mehl zum Ausrollen
Margarine zum Einfetten

Für die Füllung:
⅛ l Sahne
½ Glas (225 g) Erdbeermarmelade

Außerdem:
50 g Puderzucker zum Bestäuben

ben und mit etwas Mehl vermischen. An einem warmen Ort mit einem Küchentuch zugedeckt 15 Minuten gehen lassen.
Fett schmelzen und abkühlen. Restlichen Zucker, Salz und Fett zum Vorteig geben und alles zu einem glatten Teig verarbeiten. Den Teig etwa 10 Minuten lang kräftig schlagen und durchkneten, bis er sich fest, aber geschmeidig anfühlt.
Den Teig danach zugedeckt an einem warmen Platz mindestens 45 Minuten gehen lassen. Der Teig muß dann sein Volumen verdoppelt haben.
Auf einer bemehlten Arbeitsfläche den Teig fingerdick ausrollen. Mit einer Ausstechform (ersatzweise Glas oder Tasse) 15 runde Scheiben von 8 cm Durchmesser ausstechen.
Auf ein gefettetes Blech legen und zugedeckt an einem warmen Platz 25 Minuten gehen lassen.
Blech in den vorgeheizten Backofen auf die mittlere Schiene schieben und die Krapfen goldbraun backen.
Backzeit: 20 Minuten
Elektroherd: 220 Grad
Gasherd: Stufe 4 oder knapp ½ große Flamme
Vom Blech lösen und auf einem Kuchendraht auskühlen lassen.
Die Sahne steif schlagen. Jeden Ballen mit einem scharfen Messer waagerecht tief einschneiden. Auf die untere Hälfte Erdbeermarmelade streichen, darauf die Sahne verteilen. Die Krapfen wieder leicht zusammendrükken, mit Puderzucker bestäuben und möglichst frisch servieren.
Ergibt 15 Stück.
Die gefüllten Hefekrapfen lassen sich gut einfrieren. Sie sollten dann erst nach dem Auftauen gefüllt werden.

Kärntner Buchteln

Für den Teig Mehl in eine Schüssel geben. In die Mitte eine Mulde drücken. Hefe reinbrökkeln. Mit etwas Milch, Zucker und Mehl vom Rand zum Vorteig verrühren. Zugedeckt 15 Minuten an einem warmen Ort gehen lassen. Restliche Milch, Zucker und die übrigen Zutaten zum Vorteig geben. Alles zu einem geschmeidigen Teig kneten. Teig so lange schlagen, bis er Blasen wirft und sich vom Schüsselrand löst. 30 Minuten gehen lassen. Teig auf der bemehlten Arbeitsfläche etwa 1 cm dick ausrollen. 7 cm große Quadrate ausschneiden. In die Mitte jeweils einen Teelöffel Pflaumenmus geben. Die Teigecken hochziehen und zusammendrücken.
Eine Springform von 24 cm Durchmesser einfetten. Die Buchteln nebeneinander in die

500 g Mehl
40 g Hefe
¼ l lauwarme Milch
50 g Zucker
1 Ei
1 Prise Salz
1 Päckchen Vanillinzucker
80 g Butter oder Margarine
Mehl zum Ausrollen
Für die Füllung:
125 g Pflaumenmus
Margarine zum Einfetten
60 g flüssige Butter

Form setzen und 30 Minuten gehen lassen. Dann mit zerlassener Butter begießen. Form in den vorgeheizten Ofen auf die unterste Schiene stellen.
Backzeit: 20–25 Minuten
Elektroherd: 200 Grad
Gasherd: Stufe 3 oder ⅓ große Flamme
Buchteln auf eine Platte setzen, auseinanderreißen.
Ergibt 18 Stück.

Butterwaffeln: Ein Rezept aus Omas Küche – heute so beliebt wie anno dazumal.

Butter-Waffeln

Butter und Zucker und Eigelb schaumig rühren. Abwechselnd Mehl und Milch zugeben. Salz und die abgeriebene Zitronenschale zufügen. Eiweiß steif schlagen. Unterheben. Waffeleisen gut heiß werden lassen. Nur beim ersten Gebrauch mit Öl leicht einfetten. Teig löffelweise darin backen. Heiß servieren. Nach Wahl die Waffeln dann mit Puderzucker bestäuben oder mit Marmelade bestrichen servieren.

125 g Butter
1 Eßlöffel Zucker
4 Eigelb
250 g Mehl
¼ l Milch
1 Prise Salz
abgeriebene Schale einer halben Zitrone
4 Eiweiß
eventuell Öl
Für die Garnierung:
Puderzucker
Erdbeer-, Kirsch- oder Aprikosenmarmelade

Dillinger-Waffeln

Die Eier wiegen. Gleiche Gewichtsmenge Butter schaumig rühren. Eigelb vom Eiweiß trennen. Eigelb und Zucker unter die Butter rühren. Mehl, Zitronenschale und Salz dazu. Eiweiß zu steifem Schnee schlagen und unterheben.

Waffeleisen erwärmen, mit Öl bestreichen (modernere Waffeleisen müssen nicht eingefettet werden). Löffelweise den Teig auf das Waffeleisen geben, Teig verteilen. Eisen schließen und die Waffel 6 Minuten lang backen. Rausnehmen, mit Puderzucker bestreuen.

Die knusprigen Waffeln können warm oder kalt serviert werden. Nur mit Puderzucker

3 Eier
ca. 150 g Butter
3 Eßlöffel Zucker
6 Eßlöffel Mehl
abgeriebene Schale einer Zitrone
1 Prise Salz
Öl zum Bestreichen
Puderzucker

bestreut, mit Pflaumenmus oder Konfitüre bestrichen als Tee- oder Kaffeegebäck reichen. Übrigens können Sie die Waffeln auch mit Kompott, Dosenobst oder Apfelmus als Nachtisch servieren.

Sandwaffeln

Für den Teig Butter oder Margarine in einer Schüssel schaumig rühren. Nach und nach Puderzucker, Vanillinzucker und Eigelb unterrühren. Salz und die abgeriebene Zitronenschale zufügen.
Mehl und Speisestärke mischen, zugeben und glattrühren. Eiweiß in einer Schüssel steif schlagen. Unter den Teig heben.
Waffeleisen heiß werden lassen (modernere Waffeleisen nicht einfetten). 2 Eßlöffel Teig reinfüllen. Gut verteilen. Waffeleisen schließen. Bei Stufe 4 etwa 1½ Minuten backen. Waffeln rausnehmen. Noch heiß mit Puderzucker oder Zucker und Zimt bestreuen. Mit dem übrigen Teig genauso verfahren.
Ergibt 30 Stück.

Für den Teig:
200 g Butter oder Sanella
150 g Puderzucker
1 Päckchen Vanillinzucker
4 Eigelb
1 Prise Salz
abgeriebene Schale einer halben Zitrone
je 125 g Mehl und Speisestärke
4 Eiweiß
Zum Bestreuen:
Puderzucker oder Zucker und Zimt

Hefewaffeln

Mehl in eine Schüssel geben. In die Mitte eine Mulde drücken. Hefe reinbröckeln. Etwas Zucker drüberstreuen. Mit wenig Milch und Mehl zum Vorteig verrühren. 15 Minuten zugedeckt an einem warmen Platz bis zur doppelten Menge aufgehen lassen.
Restlichen Zucker zugeben. Mit der restlichen Milch und den Eiern zu einem glatten Teig rühren. Butter in einem Topf flüssig werden und dann leicht abkühlen lassen. Mit dem Salz in den Teig geben. Teig so lange rühren, bis er große Blasen wirft und sich vom Schüsselrand löst. Noch 25 Minuten zugedeckt gehen lassen.

Für den Teig:
375 g Mehl
25 g Hefe
50 g Zucker
½ l lauwarme Milch
4 Eier
125 g Butter
1 Prise Salz
Öl zum Backen.
Zum Bestreuen:
3 Eßlöffel Zucker (60 g)
1 Eßlöffel Zimt

Schon seit Generationen sind warme Hefewaffeln bei allen Kindern sehr beliebt.

In der Zwischenzeit das Waffeleisen gut heiß werden lassen. Beide Seiten dünn mit Öl bestreichen (modernere Waffeleisen nicht einfetten). 4 Eßlöffel Teig reinfüllen. Gut verteilen. Waffeleisen schließen. Bei Stufe 4 1½ Minuten backen. Waffeln rausnehmen. Zucker und Zimt mischen. Drüberstreuen. Mit dem übrigen Teig ebenso verfahren.
Ergibt 45 Stück.
Übrigens können Sie die Waffeln auch vor dem Servieren mit Johannisbeer- oder Zitronengelee bestreichen. Auch Butter schmeckt dazu.

Sahnewaffeln

Für den Teig Butter mit Salz, Zitronenschale und Eigelb in einer Schüssel schaumig rühren. Eiweiß in einer zweiten Schüssel steif schlagen. Zucker nach und nach zufügen. Auf die Eigelbmasse geben. Mehl mit Backpulver mischen. Auch draufgeben. Alles locker unterheben. Sahne steif schlagen. Zum Schluß unter den Teig ziehen.
Waffeleisen erhitzen. Je 2 gehäufte Eßlöffel Teig reingeben und in 2 Minuten goldbraun backen.
In der Zwischenzeit Vanillinzucker und Zukker auf einem Teller mischen. Waffeln aus dem Eisen nehmen. Sofort mit dem Zuckergemisch bestreuen. Auf einem Kuchendraht erkalten lassen. Vor dem Servieren mit Puderzucker bestäuben.
Ergibt 10 Stück.

Für den Teig:
200 g Butter
1 Prise Salz
abgeriebene Schale einer Zitrone
4 Eigelb
4 Eiweiß
50 g Zucker
200 g Mehl
2 gestrichene Teelöffel Backpulver
¼ l Sahne
Außerdem:
3 Päckchen Vanillinzucker
40 g Zucker
20 g Puderzucker

Florentiner

Gehackte oder blättrige Mandeln mit fein gehacktem Zitronat, Orangeat, Ingwer, Zukker, Vanillinzucker, Mehl und abgeriebener Zitronenschale mischen.
Butter mit Milch, Sahne und Salz in einem größeren Topf erhitzen. Hitze reduzieren und die Mandelmischung reinrühren. 5 Minuten unter Rühren leise kochen lassen, so daß der Zucker etwas karamelisiert. Anschließend in ein heißes Wasserbad stellen und darin flüssig halten.
Backblech mit Alufolie auslegen. Von der Masse mit einem in kaltem Wasser ange-

170 g gehackte oder blättrige Mandeln
je 50 g Zitronat und Orangeat
20 g kandierter Ingwer
170 g Zucker
1 Päckchen Vanillinzucker
100 g Mehl
abgeriebene Schale einer Zitrone
40 g Butter

1 Prise Salz
je 1/8 l Milch und Sahne
100 g Schokolade zartbitter

feuchteten Teelöffel kleine, flache Häufchen in ausreichendem Abstand (die Florentiner laufen auseinander) auf die Alufolie setzen. Mit einem nassen Messer glattstreichen. In den vorgeheizten Ofen auf die mittlere Schiene schieben.
Backzeit: 25 Minuten

Elektroherd: 180 Grad
Gasherd: Stufe 3 oder ⅓ große Flamme
Nach dem Backen die Florentiner sofort von der Alufolie lösen. Vorsicht. Sie brechen leicht auseinander. Schokolade in heißem Wasserbad auflösen. Unterseite der Florentiner reintauchen. Mit der Oberseite auf dem Kuchendraht auskühlen und trocknen lassen.
Ergibt 30 Stück.

Hippen

Für den Teig:
300 g Mehl
200 g Zucker
1 Päckchen Vanillinzucker
1 Prise Salz
1/8 l Milch
1/8 l Wasser
75 g zerlassene Butter oder Sanella
3 Eier
Margarine zum Einfetten
Für die Füllung:
1/2 l Sahne
60 g Zucker
2 gehäufte Eßlöffel Instantkaffee

Die Zutaten für den Teig in einer Schüssel mit dem Handrührgerät (Rührbesen) zu einem nicht zu festen Teig rühren. Zugedeckt 30 Minuten ruhen lassen.
Ein Backblech einfetten. Immer 5 bis 6 dünne Plätzchen im Durchmesser von 5 cm aufs Blech streichen. Dabei reichlich Abstand lassen. Blech auf die mittlere Schiene in den vorgeheizten Ofen schieben.
Backzeit: 8 Minuten
Elektroherd: 240 Grad
Gasherd: Stufe 5 oder 1/2 große Flamme
Die Hippen sofort, am besten über einem dikken Kochlöffelstiel, zu Rollen drehen. Die Hippen müssen rasch gerollt werden, denn nach dem Abkühlen lassen sie sich nicht mehr formen. Sahne steif schlagen. Zucker und Instantkaffee zufügen. Hippen damit füllen.
Ergibt 26 Stück.
Hippen kann man außerdem mit Eiscreme, Früchten und Cremes füllen und als Dessert oder als Kaffeegebäck servieren.
Wenn Sie lieber größere Hippen haben möchten, um sie zum Beispiel mit Pralinen zu füllen, werden sie im Durchmesser von 30 cm gebacken und über einem Rollholz geformt.

Eclairs

Für den Teig:
1/4 l Wasser
50 g Butter
1 Prise Salz
150 g Mehl
4 Eier
Margarine und Mehl zum Einfetten und Bestäuben

Wasser, Butter und Salz in einem breiten Topf aufkochen. Von der Kochstelle nehmen. Das Mehl auf einmal in die heiße Flüssigkeit geben. Schnell glattrühren. Es dürfen sich keine Klümpchen bilden. Dann den Topf wieder auf die Kochstelle stellen und bei geringer Hitze so lange rühren, bis sich ein Kloß bildet. Wenn sich am Topfrand eine weiße Haut absetzt, ist der Teig richtig.

Für die Füllung:
¼ l Milch
60 g Zucker
1 Päckchen Vanillinzucker
1 Prise Salz
30 g Speisestärke
3 Teelöffel Pulverkaffee
3 Blatt weiße Gelatine
¼ l Sahne

Für die Glasur:
150 g Puderzucker
3 Eßlöffel Wasser
2 Teelöffel Pulverkaffee

Topf wieder vom Herd nehmen und das erste Ei in den Kloß rühren. Den Teig 5 Minuten abkühlen lassen, dann die übrigen Eier zugeben. Immer erst ein Ei verrühren, bevor das nächste in den Teig kommt. Der Teig soll stark glänzen und in dicken Zapfen am Löffel hängen.

Backblech leicht einfetten und mit Mehl bestäuben. Teig in den Spritzbeutel füllen und etwa fingerlange Stäbchen auf das Backblech spritzen. In den vorgeheizten Ofen (mittlere Schiene) schieben.

Backzeit: 45 Minuten
Elektroherd: 220 Grad
Gasherd: Stufe 5 oder ½ große Flamme

In den ersten 20 Minuten darf der Ofen auf keinen Fall geöffnet werden, da das Gebäck sonst sofort zusammenfällt.

Eclairs abkühlen lassen, dann aufschneiden. Für die Füllung Milch mit Zucker, Vanillinzukker und Salz aufkochen. Speisestärke in kaltem Wasser anrühren. Unter Rühren in die Milch geben. Einmal aufkochen lassen. Den Pulverkaffee und die in kaltem Wasser eingeweichte, ausgedrückte Gelatine unter Rühren darin auflösen. Den Flammeri erkalten lassen, hin und wieder umrühren, damit er keine Haut bekommt. Sahne schlagen und unterziehen.

Für den Guß den Puderzucker durchsieben, mit Wasser verrühren. Pulverkaffee darin auflösen. Die oberen Gebäckhälften damit bestreichen. Trocknen lassen. Creme in den Spritzbeutel füllen und auf die unteren Eclairhälften spritzen. Darauf kommt je eine mit Guß überzogene Hälfte.

Ergibt 25 Stück.

Das ist ein Gebäck, das Sie auch mit einer Obst-Schlagsahne-Füllung zubereiten können. Außerdem mit Vanilleeis oder mit in Sahne gemischten Schattenmorellen.

Brandteig-Ringe mit Sahnefrüchten

¼ l Wasser
50 g Butter
1 Prise Salz
150 g Mehl
4 bis 5 Eier
Margarine und Mehl für das Backblech
Für die Füllung:
½ l Sahne
1 Eßlöffel Zucker
1 kleine Dose Mandarinen
1 Tütchen Krokant

Wasser mit Butter und Salz aufkochen. Vom Herd nehmen. Mehl auf einmal reinschütten. Glattrühren. Topf auf die Kochstelle geben. So lange rühren, bis sich ein großer Kloß und am Topfboden eine weiße Schicht gebildet hat. Topf wieder vom Herd nehmen. Ein Ei in den Kloß rühren. 5 Minuten abkühlen lassen. Nun die restlichen Eier eines nach dem anderen in den Teig rühren. Wenn der Teig schon stark glänzt und in dicken Zapfen vom Rührlöffel fällt, geben Sie das fünfte Ei nicht mehr rein. Mit dem Spritzbeutel Ringe von etwa 5 cm Durchmesser auf das gefettete und bemehlte Backblech spritzen. In den vorgeheizten Ofen schieben.
Backzeit: 45 Minuten
Elektroherd: 220 Grad
Gasherd: Stufe 5 oder ½ große Flamme
Ergibt 15 Ringe.
Waagerecht halbieren und auskühlen lassen. Für die Füllung Sahne mit Zucker schlagen. Die kalten Brandteigringe mit der Sahne füllen, die mit den abgetropften Mandarinen gemischt wurde. Deckel drauflegen. Darauf eine Sahnehaube spritzen. Mit Krokant bestreuen.

Windbeutel

Für den Brandteig:
¼ l Wasser
125 g Sanella
Salz
125 g Mehl
40 g Speisestärke
4 bis 5 Eier
Sanella zum Einfetten

Für den Teig Wasser, Margarine und Salz in einem Topf aufkochen. Vom Herd nehmen. Mehl und Speisestärke auf einmal in die Flüssigkeit rühren. Wieder auf den Herd stellen. So lange rühren, bis sich ein Kloß und eine weiße Haut am Topfboden bilden.
In den Teig schnell ein Ei rühren. Dann den Teig 5 Minuten abkühlen lassen. Nach und nach die restlichen Eier unterrühren. Das

Brandteiggebäck ist ein Dauerhit!

fünfte Ei nur dann, wenn der Teig noch zu fest ist. Er ist richtig, wenn er in dicken Zapfen schwer vom Löffel reißt.
Backblech mit Margarine einfetten und mit Mehl bestäuben. Teig in einen Spritzbeutel füllen und Windbeutel im Durchmesser von 4 cm auf das Blech spritzen. Oder mit zwei Teelöffeln Teighäufchen auf das Backblech setzen. In den vorgeheizten Ofen auf die mittlere Schiene schieben.
Backzeit: 30 Minuten
Elektroherd: 220 Grad
Gasherd: Stufe 5 oder ½ große Flamme
Windbeutel erkalten lassen. Mit einer Schere einen Deckel abschneiden.
Für die Füllung Sahne mit Zucker in einer Schüssel steif schlagen. Windbeutel damit füllen. Deckel draufsetzen. Mit Puderzucker übersieben. Sofort servieren.
Ergibt 12 Windbeutel.

Mehl zum Bestäuben
Für die Füllung:
½ l Sahne
30 g Zucker
50 g Puderzucker zum Bestäuben

Sachertorte

Was wäre Wien, ohne die berühmte Sachertorte.

Schokolade grob zerbrechen und im heißen Wasserbad schmelzen. Dann im kalten Wasserbad völlig abkühlen lassen. Sie muß aber noch weich sein. Butter in einer Schüssel glattrühren. Zucker und Salz zugeben. 5 Minuten weiterrühren. Erst die geschmolzene Schokolade, dann Eigelb unterrühren. Schaumig schlagen. Eiweiß in einer Schüs-

250 g Bitter-Schokolade
je 200 g Butter und Zucker
1 Prise Salz
8 Eigelb
8 Eiweiß
230 g Mehl

1 Päckchen Vanillinzucker
Margarine zum Einfetten
Zum Füllen und Bestreichen:
4 Eßlöffel Aprikosenkonfitüre (160 g)
Für die Glasur:
200 g Bitter-Schokolade
¼ l heißes Wasser
150 g Zucker

sel steif schlagen. Vanillinzucker einrieseln lassen. Eiweiß auf die Schokoladenschaummasse gleiten lassen. Mehl draufgeben. Alles locker unterheben.
Boden einer Springform (Durchmesser 24 cm) mit Pergamentpapier auslegen und mit Margarine einfetten. Teig einfüllen. Oberfläche glattstreichen. In den vorgeheizten Ofen auf die untere Schiene stellen.
Backzeit: 80 Minuten
Elektroherd: 160 Grad
Gasherd: Stufe 2 oder knapp ⅓ große Flamme
Kuchen rausnehmen und in der Form erkalten lassen. Dann den Rand mit einem spitzen Messer vorsichtig lösen. Torte auf einen Kuchendraht stürzen. Pergamentpapier abziehen. Torte nun einmal durchschneiden. Aprikosenkonfitüre (in Österreich sagt man Marillenkonfitüre) in einer Schüssel glattrühren. Oberfläche der Unterseite und Schnittfläche der Oberseite mit Konfitüre bestreichen. Tortenplatten zusammensetzen, so daß die bestrichene Unterseite oben ist. Beiseite stellen.
Für die Glasur Schokolade zerbröckeln und mit ¼ l heißem Wasser in einem Topf glattrühren. Zucker zugeben. Unter Rühren in 10 Minuten kochen. Topf vom Herd nehmen. Guß mit dem Quirl so lange weiterrühren, bis sich eine dünne Haut bildet und der Guß dickflüssig ist (den Vorgang nennt man Tablieren). Glasur auf die Torte gießen, mit einem Pfannenmesser glattstreichen, am Rand etwas runterlaufen lassen und den Rand auch bestreichen. Glasur fest werden lassen.
Die Sachertorte ist so süß, daß die Beigabe von gesüßter Schlagsahne einfach zuviel des Guten ist. Machen Sie's wie unsere österreichischen Nachbarn: Verzichten Sie auf den Zucker in der Sahne.

Topfenstrudel

Topfenstrudel steht dem berühmten Apfelstrudel nicht nach.

Für den Teig Mehl und Salz in eine Schüssel geben. In die Mitte eine Mulde drücken und das Ei reingeben. Ei und Milch verrühren. Dann nach und nach das Mehl von außen in die Flüssigkeit rühren. Teig so lange kneten (Knethaken des Handrührgeräts), bis er Blasen wirft.
Teig zu einer Kugel formen und auf ein bemehltes Backbrett legen. Mit etwas Öl bestreichen, mit einer erwärmten Schüssel bedecken und 30 Minuten an einem warmen Ort ruhen lassen.

Für den Teig:
500 g Mehl
1 Prise Salz
1 Ei
200 ccm Milch
Öl zum Bestreichen
Für die Füllung:
100 g kernlose Rosinen
4 altbackene Brötchen (150 g)
500 g Speisequark

Topfenstrudel: Für den Teig Ei in die Mehlmulde geben.

Den gekneteten Strudelteig mit etwas Öl vorsichtig bestreichen.

Während der Teig ruht, die Topfenfüllung vorbereiten.

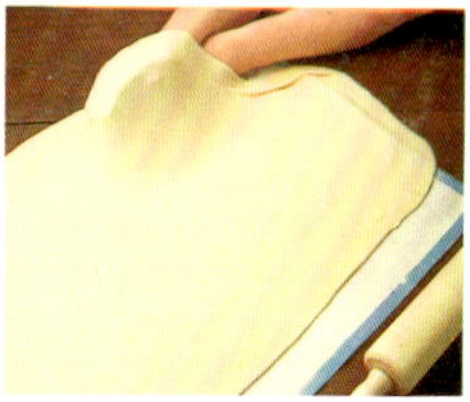

Teig auf einem Tuch dünn ausrollen und ausziehen.

Teig mit der Füllmasse bestreichen und gleichmäßig aufrollen.

Die fertige Strudelrolle mit ein wenig Milch bepinseln.

200 ccm lauwarme Milch
100 g weiche Butter
3 Eigelb
200 ccm saure Sahne
100 g Zucker
1 Päckchen Vanillinzucker
1 Prise Salz
6 Eiweiß
Mehl zum Ausrollen
Milch zum Bestreichen
Öl zum Einfetten

In der Zwischenzeit für die Füllung die Rosinen unter heißem Wasser waschen und gut abtropfen lassen.
Brötchen in eine Schüssel geben und mit Milch begießen, damit sie weichen.
Speisequark, Butter, Eigelb, Sahne, Zucker, Vanillinzucker und Salz verrühren.
Die abgetropften Rosinen und die ausgedrückten, zerbröselten Brötchen dazugeben. Eiweiß steif schlagen und unter die Topfenmasse ziehen.
Ein großes, sauberes Tuch mit Mehl bestäuben. Teig darauf so dünn wie möglich ausrollen. Dann über dem Handrücken mit der anderen Hand hauchdünn ausziehen. Tuch mit dem Teig auf den Tisch legen. Füllung auf den Teig streichen. Strudel mit Hilfe des Tuchs aufrollen, mit Milch bestreichen.
Ein Backblech einfetten. Blech in den vor-

geheizten Ofen auf die untere Schiene schieben.
Backzeit: 45 Minuten
Elektroherd: 220 Grad
Gasherd: Stufe 4 oder knapp ½ große Flamme
Strudel auf dem Blech abkühlen lassen.
Topfenstrudel wird meist als Kaffeegebäck gegessen, kann aber auch als Dessert serviert werden.

Wiener Milchrahmstrudel

Für den Teig:
280 g Mehl
1 Prise Salz
3 Eßlöffel Öl (45 g)
150 ccm warmes Wasser
Mehl zum Ausrollen
Für die Füllung:
50 g Butter
200 g Magerquark
200 ccm saure Sahne
2 Eier
1 Päckchen Vanillinzucker
1–2 Eßlöffel Zitronensaft
50 g kernlose Rosinen
Butter oder Margarine zum Einfetten und Bestreichen
⅛ l Milch zum Begießen

Für den Teig Mehl in eine Schüssel geben. In die Mitte eine Mulde drücken. Salz, Öl und Wasser in die Mulde geben. Alle Zutaten schnell zu einem geschmeidigen Teig kneten. Den Teig in ein Küchentuch einschlagen und etwa 30 Minuten kühl stellen. Vom Teig Stücke abteilen, jeweils etwa einen gehäuften Eßlöffel voll. Jedes Stück auf einer gut bemehlten Fläche hauchdünn ausrollen und zu Eßtellergröße zurechtziehen.
Für die Füllung 50 g Butter flüssig werden lassen. Quark, Sahne und Butter zusammen glattrühren. Eier trennen. Eigelb, Vanillinzukker und Zitronensaft verquirlen und unter die Quarkmasse rühren. Rosinen waschen, gut abtrocknen und untermischen. Eiweiß sehr steif schlagen, vorsichtig unter den Quark ziehen.
Die Teigplatten auf dem Tisch ausbreiten. Jede Platte mit Quarkmasse bestreichen und aufrollen.
Ofen vorheizen. Eine rechteckige, flache Kuchen- oder Auflaufform einfetten. Die gefüllten Teigrollen gleichmäßig nebeneinander hineinlegen, Butter zerlassen, die Teig-

4 Eßlöffel Zucker und ½ Teelöffel gemahlener Zimt zum Bestreuen

rollen damit bestreichen. Form auf die unterste Schiene in den vorgeheizten Ofen schieben.
Backzeit: 45 Minuten
Elektroherd: 220 Grad
Gasherd: Stufe 4 oder knapp ½ große Flamme
Nach 30 Minuten Backzeit die erhitzte Milch über die Teigrollen gießen.
Mit Zimtzucker bestreuen, warm servieren.

Linzer Torte

Butter, Zucker und Eigelb in einer Schüssel schaumig schlagen. Mandeln, Zitronenschale und Mehl unterrühren.
Zwei Drittel des Teigs in eine mit Butter eingefettete, mit Zucker ausgestreute Springform von 26 cm Durchmesser füllen. Oberfläche glattstreichen. Johannisbeermarmelade darüber verteilen. Restlichen Teig in einen Spritzbeutel mit Sterntülle füllen. Zuerst ein Gitter über die Füllung spritzen, dann rundherum einen Rand. Teigstreifen mit verquirltem Eigelb bestreichen und mit Mandelstiften bestecken.
Torte in den vorgeheizten Ofen auf die untere Schiene schieben.
Backzeit: 60 Minuten
Elektroherd: 180 Grad
Gasherd: Stufe 2 oder knapp ⅓ große Flamme
Torte aus dem Ofen nehmen, mit Zucker bestreuen und aus der Form lösen.
Kühl und trocken aufgehoben bleibt die Torte 3 Tage frisch.

Für den Teig:
300 g Butter
150 g Zucker
3 Eigelb
150 g fein gemahlene Mandeln
abgeriebene Schale einer Zitrone
300 g Mehl
Butter zum Einfetten
Zucker zum Ausstreuen
Für die Füllung:
1 Glas rote Johannisbeermarmelade (450 g)
Außerdem:
1 Eigelb
25 g Mandelstifte
40 g Zucker zum Bestreuen

Wiener Waffeltorte

Butter zerlaufen lassen. Den Zucker reingeben, unter Rühren schmelzen und 10 Minuten leicht karamelisieren lassen. Mandeln darunterrühren und sofort auf ein mit Öl bestrichenes Stück Alufolie geben. Dünn ausstreichen und erkalten lassen.
In der Zwischenzeit für die Creme einen Eßlöffel Milch in eine Tasse geben. Puddingpulver und Zucker darin verrühren. Restliche Milch in einem Topf zum Kochen bringen. Puddingpulver reinrühren und aufkochen lassen.

Für den Krokant:
1 Eßlöffel Butter
150 g Zucker
150 g gehackte Mandeln
Öl zum Einfetten
Für die Creme:
¼ l Milch
20 g Vanillepuddingpulver
1 Eßlöffel Zucker
200 g Butter

80 g Puderzucker
150 g Blockschokolade
Außerdem:
10 Waffelböden (fertig gekauft)

Topf vom Herd nehmen und die Masse erkalten lassen. Dabei öfter umrühren.
Butter und Puderzucker schaumig rühren. Eßlöffelweise die Creme unterrühren.
Blockschokolade grob zerbrechen und im heißen Wasserbad auflösen, leicht abkühlen lassen und unter die Creme rühren.
Alle Waffelböden mit drei Viertel der Creme bestreichen und zur Torte zusammensetzen. Den Rand mit der restlichen Creme bestreichen. Krokant zerbröckeln oder mit dem Nudelholz zerdrücken. Tortenrand und Oberfläche damit bestreuen. Leicht andrücken.
Diese üppige Torte ist ein Paradestück für festliche Anlässe.

Belgrader Mandeltorte

Für den Teig Eigelb in einer Schüssel mit Wasser schaumig rühren. Etwa 80 g Zucker einrieseln lassen und alles zu einer cremigen Masse schlagen. Mandeln, Mehl und Zitronenschale zugeben. Eiweiß zu steifem Schnee schlagen. Salz und restlichen Zucker einrieseln lassen. Locker unter die Eimasse mischen.
Eine Springform von 26 cm Durchmeser einfetten und dünn mit Mehl ausstreuen. Teig in die Form füllen. In den vorgeheizten Ofen auf die untere Schiene stellen.
Backzeit: 25 bis 30 Minuten

Für den Teig:
6 Eigelb
4 Eßlöffel heißes Wasser
120 g Zucker
150 g geschälte, gemahlene Mandeln
50 g Mehl
abgeriebene Schale einer halben Zitrone
3 Eiweiß

1 Prise Salz
Margarine zum Einfetten
Mehl zum Ausstreuen
Für die Füllung:
½ l Milch
1 Vanilleschote
50 g Speisestärke
5 Eigelb
100 g Zucker
1 Päckchen Vanillinzucker
250 g Butter
Zum Garnieren:
50 g blättrig geschnittene Mandeln

Elektroherd: 180 Grad
Gasherd: Stufe 2 oder knapp ⅓ große Flamme
Torte aus dem Ofen nehmen und auf einem Kuchendraht abkühlen lassen. Dann mit einem scharfen Messer oder einem Zwirnsfaden in drei gleich dicke Böden teilen.
Milch und die aufgeschnittene Vanilleschote in einem Topf zum Kochen bringen. Vanilleschote entfernen. Die mit wenig kaltem Wasser angerührte Speisestärke in die Milch geben, unter Rühren kurz aufkochen. Vom Herd nehmen.
Eigelb in einer Schüssel mit Zucker und Vanillinzucker verquirlen. In die etwas abgekühlte Milch rühren und unter Rühren abkühlen lassen. In einer anderen Schüssel die Butter schaumig rühren. Eßlöffelweise die Vanillecreme unterziehen. Zwei Tortenböden mit je einem Viertel der Buttercreme bestreichen. Alle drei Böden zusammensetzen. Torte mit der restlichen Creme überziehen. Mandeln in einer Pfanne goldbraun rösten. Abkühlen, Torte damit bestreuen. Mandelblätter am Rand etwas andrücken. Torte kalt stellen.

Amaretti

300 g geschälte, gemahlene Mandeln
6 Tropfen Bittermandelöl
300 g Zucker
3 Eiweiß
100 g Puderzucker zum Bestreuen

Mandeln, Bittermandelöl und Zucker mischen. Eiweiß sehr steif schlagen und nach und nach unter den Mandelteig mischen. Aus dem Teig – er darf nicht weich sein – 4½ cm große Kügelchen formen.
Ein Backblech mit Pergament- oder Backtrennpapier auslegen und die Amaretti mit größerem Abstand auf das Backblech legen. Im vorgeheizten Backofen auf der mittleren

Amaretti nennen die Italiener ihre süßen, kleinen Mandelmakronen.

Schiene lichtgelb backen, besser eher trocknen.
Backzeit: 30 Minuten
Elektroherd: 160 Grad
Gasherd: Stufe 1 oder kleinste Flamme
Noch warm dick mit Puderzucker bestreuen.
Leicht abkühlen lassen, dann vom Papier lösen.
Ergibt 35 Stück.

Panettone

- 450 g Mehl
- 40 g Hefe
- 120 g Zucker
- 1/8 l lauwarme Milch
- 6 Eier

Panettone backt man in Napfkuchen- oder feuerfesten Formen, aber auch in zylindrischen Pastetenformen.
Mehl in eine Schüssel geben. In die Mitte eine Mulde drücken. Hefe reinbröckeln. 1 Teelöffel

Zucker drüberstreuen. Mit etwas Milch und Mehl zum Vorteig verrühren. Zugedeckt an einem besonders warmen Platz 15 Minuten gehen lassen.
Restlichen Zucker, restliche Milch, Eier und Salz in die Schüssel geben. Butter in Flöckchen darauf verteilen. Von außen nach innen einen Teig kneten.
Orangeat, Zitronat, gehackte kandierte Kirschen und gewaschene, getrocknete Rosinen in einer Schüssel mit einem Eßlöffel Mehl mischen. In den Teig kneten. Kuchenform mit Margarine einfetten. Teig reinfüllen. Zugedeckt 20 Minuten gehen lassen.
In den vorgeheizten Ofen auf die unterste Schiene stellen.
Backzeit: 60 Minuten
Elektroherd: 220 Grad
Gasherd: Stufe 5 oder ½ große Flamme
Nach 30 Minuten Backzeit den Teig mit zerlassener Butter bestreichen und auskühlen lassen.

½ Teelöffel Salz
200 g Butter
je 75 g gehacktes Orangeat und Zitronat
75 g kandierte rote Kirschen
200 g Rosinen
1 Eßlöffel Mehl
Margarine zum Einfetten
30 g Butter

Maraschino-Torte

Für den Biskuitteig Eigelb und Wasser in einer Schüssel schaumig rühren. Nach und nach 100 g Zucker, Salz und Zitronenschale reinrühren. So lange schlagen, bis die Masse weiß und cremig ist.
In einer anderen Schüssel Eiweiß steif schlagen. Dabei nach und nach den restlichen Zukker reingeben.
Eischnee auf die Eigelbmasse gleiten lassen. Speisestärke und Mehl drüberstreuen und unterheben.
Boden einer Springform von 24 cm Durchmesser mit Pergamentpapier auslegen. Papier leicht einfetten. Teig reingeben. Form

Für den Biskuitteig:
4 Eigelb
4 Eßlöffel heißes Wasser
150 g Zucker
1 Prise Salz
abgeriebene Schale einer Zitrone
4 Eiweiß
100 g Speisestärke
100 g Mehl
Margarine zum Einfetten

in den vorgeheizten Ofen auf die untere Schiene stellen.
Backzeit: 40 Minuten
Elektroherd: 200 Grad
Gasherd: Stufe 4 oder knapp ½ große Flamme
Form aus dem Ofen nehmen. Tortenboden aus der Form lösen. Auf einem Kuchendraht auskühlen lassen.
In der Zwischenzeit die Creme zubereiten. Dazu Milch mit der aufgeschnittenen Vanillestange zum Kochen bringen. Die Stange rausnehmen. Speisestärke mit wenig Wasser in einer Tasse glattrühren. Milch damit binden und einmal aufkochen lassen. Vom Herd nehmen und im kalten Wasserbad erkalten lassen. Häufig umrühren, damit keine Haut entsteht.
In der Zwischenzeit Butter und Zucker in einer Schüssel schaumig rühren. Dann eßlöffelweise die Vanillecreme und den Maraschino-Likör reinrühren.
Erkalteten Tortenboden in 3 Platten schneiden. Zwei Tortenplatten mit je der Hälfte der Marmelade und dann mit einem Drittel der Creme bestreichen. Zusammensetzen. Mit der dritten Platte bedecken. Die Oberseite und die Ränder mit der restlichen Creme bestreichen. 60 Minuten kühl stellen. Dann auf eine Tortenplatte geben. Auf der Oberfläche 12 Stücke markieren. Auf jedes Stück ein kandiertes Zitronenscheibchen und eine Maraschino-Kirsche legen.

Für die Maraschino-Creme:
¼ l Milch
1 Vanillestange
2 Eßlöffel Speisestärke (20 g)
200 g Butter
200 g Zucker
2 Glas (je 2 cl) Maraschino-Likör

Außerdem:
200 g Orangenmarmelade

Für die Garnierung:
12 dünne kandierte Zitronenscheiben
12 Maraschino-Kirschen

Schweizer Schlüferli

Eier und Zucker schaumig rühren. Alle restlichen Zutaten dazugeben und alles zu einem

Für den Teig:
5 Eier

Wie gut sich die Schweizer auf Fettgebackenes verstehen, beweisen Ihnen die Schlüferli.

festen Teig kneten. Zu einer Kugel formen, in eine Schüssel legen und zugedeckt 30 Minuten im Kühlschrank ruhen lassen. Teig auf einer bemehlten Arbeitsfläche 3 mm dick ausrollen. Mit einem Teigrädchen 10 cm lange und 2 cm breite Streifen ausschneiden. In die Mitte einen kleinen, schrägen Einschnitt ritzen. Durch diesen Einschnitt wird ein Ende des Teigstreifens so durchgezogen, daß ein lockerer Knoten entsteht.
Öl oder Pflanzenfett in einem großen Topf oder in einer Friteuse auf 175 Grad erhitzen. Je 6 Schlüferli mit einem Schaumlöffel ins heiße Fett geben.
Ausbackzeit: 6 Minuten
Nach der Hälfte der Ausbackzeit einmal vorsichtig wenden.
Mit der Schaumkelle herausnehmen und auf Küchenkrepp abtropfen lassen. Noch warm mit Puderzucker bestäuben.
Ergibt 55 Stück.
Die Schlüferli sofort servieren. Denn noch fast warm schmecken sie am besten.

250 g Zucker
700 g Mehl
30 g zerlassene Butter
20 ccm Sahne
½ Päckchen Backpulver
1 Prise Salz
Mehl zum Ausrollen
Außerdem:
2 l Öl oder 2000 g reines Pflanzenfett
Zum Bestäuben:
50 g Puderzucker

Schweizer Apfelwähe

Salz in Wasser auflösen. Mit den anderen Teigzutaten in eine Schüssel geben. Alles zu einem glatten Teig verkneten. 20 Minuten in den Kühlschrank stellen. Inzwischen Äpfel schälen, Kerngehäuse entfernen. Äpfel in hauchdünne Scheiben schneiden. Apfelscheiben mit dem Zucker vermischen und kühl stellen. Teig nochmals kräftig durchkneten, auf bemehlter Fläche zu einer runden Scheibe ausrollen und eine eingefettete Wähenform von 28 cm Durchmesser auslegen. Den Teig am Rand hochdrücken. Teig

Für den Teig:
1 Teelöffel Salz
5 Eßlöffel Wasser
250 g Mehl
90 g Butter oder Sanella
Mehl zum Ausrollen
Margarine zum Einfetten
Für den Belag:
500 g säuerliche Äpfel

60 g Zucker
75 g Semmelbrösel
25 g gemahlene Haselnußkerne
Für den Guß:
1/8 l Sahne
2 Eigelb
1 Ei
2 Eßlöffel Kartoffelmehl (20 g)
Für den Überzug:
3 Eßlöffel Zitronengelee oder Aprikosenkonfitüre
1 Eßlöffel Rum

mit einer Gabel mehrmals einstechen. Im vorgeheizten Backofen auf der mittleren Schiene hell ausbacken.
Backzeit: 20 Minuten
Elektroherd: 200 Grad
Gasherd: Stufe 3 oder 1/3 große Flamme
Kurz abkühlen lassen. Inzwischen Semmelbrösel mit den Nüssen mischen, auf den Boden streuen. Apfelscheiben drüber verteilen. Im Backofen auf die mittlere Schiene schieben.
Backzeit: 20 Minuten
Elektroherd: 180 Grad
Gasherd: Stufe 2 oder knapp 1/3 große Flamme

Inzwischen Sahne, Eigelb, Ei und Kartoffelmehl verquirlen, über die Äpfel gießen. Wieder auf der mittleren Schiene backen.
Backzeit: 15 Minuten
Elektroherd: 180 Grad
Gasherd: Stufe 2 oder knapp 1/3 große Flamme
Gelee oder Konfitüre mit dem Alkohol glattrühren. Über die noch warme Apfelwähe streichen und die Wähe in der Form erkalten lassen.

Engadiner Torte

Für den Teig:
350 g Mehl
1 Ei
125 g Zucker
1 Prise Salz
abgeriebene Schale einer halben Zitrone
150 g Butter

Für die Füllung:
300 g Walnüsse
250 g Zucker
2 Eßlöffel Honig (40 g)
1 Becher Sahne (200 g)
1 Glas (2 cl) Kirschwasser
Mehl zum Ausrollen
1 Eigelb und
1 Eßlöffel Milch zum Bestreichen

Alle Zutaten zum Teig mit dem Handrührgerät (Knethaken) in einer großen Schüssel verarbeiten. Teig zu einer Kugel formen und in Pergamentpapier eingeschlagen 30 Minuten in den Kühlschrank legen.

In der Zwischenzeit die Füllung zubereiten: Nüsse grob hacken, Zucker und Honig bei schwacher Hitze unter ständigem Rühren langsam schmelzen. Topf vom Herd nehmen und die Sahne vorsichtig (die Masse schäumt hoch!) in die heiße Zuckerlösung rühren. Masse noch mal erhitzen und wieder vom Herd nehmen. Mit Kirschwasser und Walnüssen mischen. Füllung abkühlen lassen.

Teig aus dem Kühlschrank nehmen. Etwa ein Viertel des Teigs abnehmen und in Pergamentpapier eingewickelt wieder in den Kühlschrank legen.

Den übrigen Teig auf der bemehlten Arbeitsfläche etwa 3 cm hoch zu einem Kreis auseinanderdrücken. Dann mit dem bemehlten Backholz von der Mitte her unter ständigem Drehen ausrollen, bis ein Kreis von etwa 30 cm Durchmesser entsteht. Dabei die Arbeitsfläche und das Backholz öfter mit Mehl bestäuben, damit der Teig nicht festklebt.

Teig vorsichtig in eine Springform von 26 cm Durchmesser legen und am Rand hochziehen. An der Kante fest andrücken.

Die abgekühlte Füllung auf den Teig streichen. Die gefüllte Form kühl stellen.

Den restlichen Teig auf der bemehlten Arbeitsfläche 3 mm dick ausrollen und in etwa 2 cm breite Streifen schneiden oder ausradeln.

Ein Gitter aus den Teigstreifen auf die Torte legen. Streifen an den Teigrand drücken.

Eigelb und Milch verquirlen. Teiggitter damit bestreichen. Torte in den vorgeheizten Ofen auf die mittlere Schiene schieben.

Backzeit: 30 Minuten
Elektroherd: 200 Grad
Gasherd: Stufe 3 oder ⅓ große Flamme
Während der letzten 10 Minuten die Torte mit Pergamentpapier abdecken.
Torte aus dem Ofen nehmen und abkühlen lassen. Dann aus der Form lösen.
In Alufolie verpackt und kühl aufbewahrt bleibt diese Torte einige Wochen frisch.

Schweizer August-Kuchen

Für den Teig:
500 g Mehl
40 g Hefe
100 g Zucker
1 Teelöffel Salz
abgeriebene Schale einer halben Zitrone
⅛ l lauwarme Milch
Für die Füllung:
200 g geschälte, gemahlene Mandeln
200 g Zucker
3 Tropfen Bittermandelöl
1 Prise Zimt
2 Eier
40 g Butter oder Sanella
Außerdem:
Mehl zum Ausrollen
Butter oder Sanella zum Einfetten und Bestreichen

Mehl in eine große Schüssel geben. Eine Mulde hineindrücken. In die Vertiefung die Hefe bröckeln, 1 Teelöffel vom Zucker und die Hälfte der lauwarmen Milch zugeben, mit wenig Mehl zu einem Vorteig rühren und zugedeckt an einem warmen Ort 15 Minuten gehen lassen. Inzwischen die Füllung bereiten. Alle Zutaten zur Füllung zu einer streichfähigen Masse vermischen.
Den Vorteig mit dem Mehl und den übrigen Zutaten zu einem Teig mischen und kräftig durchkneten. Teigmasse halbieren. Jede Hälfte auf bemehlter Fläche zu einer runden Scheibe von etwa 26 cm Durchmesser ausrollen.
Eine Teigplatte auf ein gefettetes Backblech legen. Mit zerlassener Butter oder Margarine dünn bestreichen. Die Füllung draufstreichen und mit der zweiten Teigplatte bedekken. Die Ränder leicht zusammendrücken. Mit einem scharfen Messer den Kuchen vom Rand zur Mitte hin gleichmäßig rundum zwölfmal tief einschneiden. Jeweils zwei Einschnitte kreuzweise übereinanderlegen. Kuchen mit verquirltem Ei bestreichen und mit Hagelzucker oder Mandeln bestreuen.

August-Kuchen gehört zum Nationalfeiertag in der Schweiz.

An einem warmen Ort etwa 30 Minuten gehen lassen. Im vorgeheizten Backofen auf der mittleren Schiene backen.
Backzeit: 40–45 Minuten
Elektroherd: 200 Grad
Gasherd: Stufe 3 oder 1/3 große Flamme
Nach dem Backen abkühlen lassen. Aus einem Pappdeckel eine Schablone in Form eines Schweizer Kreuzes ausschneiden, auf den Kuchen legen und mit Puderzucker bestäuben.

1 Ei zum Bestreichen
2 Eßlöffel Hagelzucker oder gehackte Mandeln
Puderzucker zum Bestreuen

Zuger Kirschtorte

Für die Japanoiseböden Eiweiß mit 55 g Zukker in einer Schüssel zu steifem Schnee schlagen. Nach und nach Haselnüsse, Mandeln, Mehl, Speisestärke und den restlichen Zucker unterheben. Ein Backblech mit Alufolie auslegen und reichlich einfetten.
Teig in einen Spritzbeutel füllen. Auf die Alufolie zwei runde Böden von 20 cm Durchmesser spritzen. Blech in den vorgeheizten Ofen auf die mittlere Schiene schieben.
Backzeit: 30 Minuten
Elektroherd: 160 Grad
Gasherd: Stufe 2 oder knapp 1/3 große Flamme
Blech aus dem Ofen nehmen. Boden schnell ablösen und auf 2 Platten abkühlen lassen.
Für den Genoiseboden die aufgeschlagenen Eier in einem Topf mit Zucker und Zitronenschale bei schwacher Hitze so lange schlagen, bis eine cremige Masse entsteht. Topf vom Herd nehmen. So lange weiterschlagen, bis die Masse erkaltet ist. Dann das Mehl und zum Schluß die geschmolzene, erkaltete Butter unterrühren.

Für die Japanoiseböden:
5 Eiweiß
110 g Zucker
50 g gemahlene Haselnüsse
30 g gemahlene Mandeln
je 10 g Mehl und Speisestärke
Margarine zum Einfetten
Für den Genoiseboden:
3 große Eier
100 g Zucker
1 Teelöffel abgeriebene Zitronenschale
75 g Mehl
40 g Butter
Für die Füllung:
200 g Butter
200 g Puderzucker

2 Eigelb
4 Eßlöffel Kirschwasser
Zum Tränken:
4 Glas (je 2 cl) Kirschwasser
2 Eßlöffel Zucker (30 g)
Außerdem:
80 g gehackte Mandeln
20 g Puderzucker

Eine Springform von 20 cm Durchmesser mit Alufolie auslegen. Folie gut einfetten. Teig reinfüllen. In den vorgeheizten Ofen auf die mittlere Schiene schieben.
Backzeit: 20 Minuten
Elektroherd: 180 Grad
Gasherd: Stufe 3 oder 1/3 große Flamme
Form aus dem Ofen nehmen. Boden aus der Form lösen und auch erkalten lassen.
Für die Füllung Butter in einer Schüssel mit Puderzucker schaumig rühren. Nach und nach das verquirlte Eigelb und Kirschwasser untermischen.
Zum Tränken 3 Glas Kirschwasser mit Zucker in einem Topf so lange erhitzen, bis sich der Zucker gelöst hat. Etwas abkühlen lassen. Genoiseboden damit tränken. Einen Japanoiseboden mit einem Drittel der Füllung bestreichen. Den Genoiseboden draufsetzen und mit dem restlichen Kirschwasser beträufeln. Dann mit dem zweiten Drittel Füllung bestreichen. Den zweiten Japanoiseboden draufsetzen. Oberseite und den Rand mit der restlichen Buttercreme bestreichen.
Mandeln in einer Pfanne 3 Minuten bei mittlerer Hitze rösten. Rand damit bestreuen. Oberseite mit Puderzucker bestäuben.
Torte sofort servieren. Wenn die Torte lange steht, verflüchtigt sich das Kirschwasseraroma.

- Budapester Schokoladenrücken -

140 g Butter
150 g Zucker
100 g Blockschokolade
6 Eigelb

Butter in einer Schüssel mit 50 g Zucker schaumig rühren. Blockschokolade in eine Schüssel bröckeln. Im warmen, nicht zu heißen Wasserbad schmelzen lassen. Anschließend eßlöffelweise unter die Butter-Zucker-

Masse ziehen. Dann einzeln die Eigelb reinrühren.
In einer anderen Schüssel das Eiweiß zu steifem Schnee schlagen. Dabei nach und nach den restlichen Zucker einrieseln lassen. Auch unter die Buttermischung ziehen. Mehl mit Biskuitbröseln und Mandeln mischen. Langsam unterheben.

6 Eiweiß
50 g Mehl
50 g Biskuitbrösel
50 g gemahlene Mandeln
Butter oder Margarine zum Einfetten

Semmelbrösel zum Ausstreuen
Außerdem:
100 g Couverture
50 g Mandelstifte

Eine Rehrückenform mit Butter oder Margarine einfetten. Mit Semmelbröseln ausstreuen. Teig reinfüllen. Die Form in den vorgeheizten Backofen auf die untere Schiene schieben.
Backzeit: 55 Minuten
Elektroherd: 200 Grad
Gasherd: Stufe 3 oder 1/3 große Flamme
Form aus dem Ofen nehmen, Kuchen auf eine Platte stürzen und mit Mandelstiften spicken.
Couverture im Wasserbad auflösen. Kuchen damit überziehen.

— Lombardische Aprikosentorte —

Für den Teig:
250 g Mehl
1 Ei
100 g Zucker
1 Päckchen Vanillinzucker
1 Prise Salz
125 g weiche Butter oder Sanella
Mehl zum Ausrollen
Sanella zum Einfetten
Für die Füllung:
250 g Aprikosenmarmelade
2 Eßlöffel Aprikosengeist oder Obstwasser
1 Eigelb
2 Eßlöffel Milch zum Bestreichen

Mehl, Ei, Zucker, Vanillinzucker, Salz und das weiche Fett mit dem Knethaken zu einem geschmeidigen Teig kneten. Zugedeckt 30 Minuten kühlen. Zwei Drittel des Teiges auf der bemehlten Arbeitsfläche 5 mm dick ausrollen. Eine gefettete Springform von 26 cm Durchmesser damit auslegen.
Teigrand 2 cm hochdrücken. Aus dem restlichen Teig mit bemehlten Händen 10 Rollen von etwa 7 mm Durchmesser formen. Aprikosenmarmelade und Aprikosengeist oder Obstwasser verrühren. Auf den Tortenboden streichen. Teigrollen gitterartig drüberlegen. Eigelb und Milch verquirlen. Teigstreifen damit bestreichen.
Form in den vorgeheizten Ofen auf die mittlere Schiene stellen.
Backzeit: 30 Minuten
Elektroherd: 200 Grad
Gasherd: Stufe 3 oder 1/3 große Flamme
Torte in der Form abkühlen lassen. Dann auf eine Platte geben.

Lombardische Aprikosentorte ist unkompliziert, aber delikat.

Man kann Schlagsahne dazu reichen oder die Torte mit Sahne garnieren.

Französische Mokkatorte

Für den Teig Eier trennen. Eiweiß und Wasser zu sehr steifem Schnee schlagen. Nacheinander Eigelb, Zucker und Vanillinzucker unterziehen. Mehl mit Backpulver mischen und unterheben. Die abgekühlte Butter unterziehen. Auf einem Backblech eine Fläche von 25 mal 25 cm mit Pergamentpa-

Für den Teig:
- 4 Eier
- 3 Eßlöffel kaltes Wasser
- 125 g Puderzucker
- 1 Päckchen Vanillinzucker

100 g Mehl
½ Teelöffel Backpulver
60 g zerlassene Butter
Margarine zum Einfetten
Für die Mokkacreme:
330 ccm Milch
eine halbe Vanilleschote
1 Zitrone
5 Eigelb
165 g Zucker
1 Prise Salz
15 g Speisestärke
35 g Instant-Kaffeepulver
260 g Butter
130 g Puderzucker
Zum Garnieren:
50 g Hagelzucker

pier auslegen, das Papier an den Rändern hochfalzen und einfetten. Teig draufgeben. Blech in den vorgeheizten Ofen auf die untere Schiene schieben.
Backzeit: 15 Minuten
Elektroherd: 220 Grad
Gasherd: Stufe 4 oder knapp ½ große Flamme
Tortenboden etwas abkühlen lassen, dann das Papier abziehen.
Für die Creme Milch mit der längs aufgeschnittenen Vanillestange in einen Topf geben. Die Schale der Zitrone zur Hälfte abschälen und in die Milch geben. Bei schwacher Hitze zum Kochen bringen. 10 Minuten ziehen lassen. Vanillestange und Zitronenschale herausnehmen.
In einer Edelstahl- oder Porzellanschüssel Eigelb, Zucker und Salz schaumig rühren, Speisestärke unterrühren. Ins heiße Wasserbad stellen. Nicht kochen! Nach und nach die heiße Vanillemilch unterschlagen, bis die Masse cremig wird. Aus dem Wasserbad nehmen, das Kaffeepulver unterziehen und im kalten Wasserbad abkühlen.
Inzwischen Butter schaumig rühren. Puderzucker einrühren. Eßlöffelweise die Mokkacreme zufügen.
Tortenboden einmal waagerecht halbieren. Boden mit einem Viertel der Creme bestreichen. Den zweiten Boden draufsetzen. Tortenoberfläche und -rand dünn mit Creme bestreichen. Die restliche Creme in einen Spritzbeutel mit großer Sterntülle füllen. Auf die Tortenoberfläche 11 Reihen mit je 10 Tupfen spritzen. Den Tortenrand mit Hagelzukker garnieren.

Ein Glanzstück: französische Mokkatorte.

– Französischer Zwetschenkuchen –

Für den Teig:
150 g Mehl
100 g gemahlene Mandeln
2 Eigelb

Die Teigzutaten in eine Schüssel geben. Alles mit dem Knethaken des Handrührgerätes zu einem geschmeidigen Teig kneten. Mit Pergamentpapier bedeckt 30 Minuten im Kühlschrank ruhen lassen. Inzwischen Zwetschen

gut waschen, in einem Küchentuch trockenreiben, halb aufschneiden, entsteinen. Springform von 26 cm Durchmesser mit zwei Drittel des Teiges auslegen, mit dem Rest den Rand ausfüttern. Mit einer Gabel mehrmals in den Teigboden stechen. Teigboden mit Semmelbröseln bestreuen, Zwetschen mit der offenen Seite nach oben schneckenförmig dicht nebeneinander auf den Teig legen. Form in den vorgeheizten Ofen auf die zweite Schiene von unten stellen.
Backzeit: 60 Minuten
Elektroherd: 180 Grad
Gasherd: Stufe 2 oder knapp ⅓ große Flamme
Johannisbeergelee bei schwacher Hitze auflösen und glattrühren.
Torte aus dem Ofen nehmen, aus der Form lösen und auf einen Kuchendraht legen. Mit Zucker bestreuen und das warme, flüssige Gelee darübergießen. Auskühlen lassen.

100 g Zucker
1 Prise Salz
abgeriebene Schale einer Zitrone
150 g Butter
Für den Belag:
30 g Semmelbrösel zum Bestreuen
1000 g frische Zwetschen
100 g Zucker
150 g Johannisbeergelee

Dänisches Plundergebäck

Hefe mit 1 Eßlöffel Zucker und 2 Eßlöffel lauwarmer Milch ansetzen. 10 Minuten aufgehen lassen. Mehl in eine Schüssel sieben. Hefe mit dem Rest des Zuckers und der Milch, dem Eigelb und Salz dazugeben. Alles zu einem glatten Teig verarbeiten und so lange schlagen, bis der Teig Blasen wirft und sich von den Händen löst. 15 Minuten zugedeckt gehen lassen.
Auf dem bemehlten Backblech 1 cm dick ausrollen. Ein Drittel der Butter in Flöckchen auf dem Teig verteilen. Teig zusammenfalten, ausrollen. Mit dem zweiten und dritten Drittel der Butter ebenso verfahren. Teig so

Für den Teig:
30 g Hefe
50 g Zucker
¼ l Milch
500 g Mehl
2 Eigelb
1 Prise Salz
50 g Butter
Für die Füllung:
200 g Vierfruchtmarmelade
Außerdem:
2 Eigelb zum Bestreichen

Plunderteig läßt sich auf viele Arten formen.

Zum Garnieren:
1 Beutel blättrig geschnittene Mandeln
Hagelzucker

lange falten und ausrollen, bis die Butter ganz vom Teig aufgenommen ist. Zwischen den einzelnen Gängen den Teig 10 Minuten lang kühl ruhen lassen. Teig nochmals etwa 1 cm dick ausrollen. 10 mal 10 cm große Vierecke ausschneiden. In die Mitte einen Klecks Marmelade geben. Teigstücke zu Hörnchen, Taschen oder Windmühlen formen. Eigelb verrühren. Teigstücke damit bestreichen, mit Mandeln und Hagelzucker bestreuen. Im vorgeheizten Ofen goldbraun backen.

Backzeit: 20 Minuten
Elektroherd: 200 Grad
Gasherd: Stufe 4 oder knapp ½ große Flamme
Plundergebäck kann auch mit Puderzuckerglasur überzogen werden. Das Gebäck muß dazu noch heiß sein. Mandeln und Hagelzukker erübrigen sich dann.

So entsteht dänisches Plundergebäck: Hefeteig ansetzen.

Den Hefeteig so lange schlagen bis sich Blasen bilden.

Teig 1 cm dick ausrollen und Butterflocken daraufsetzen.

Teig zusammenfalten. Kühl stellen und erneut ausrollen.

Punsch-Cake

Das weiche Fett, Zucker und Vanillinzucker in eine Schüssel geben und mit dem Handrührgerät (Rührbesen) schaumig rühren. Wenn

Für den Teig:
300 g Butter oder
Sanella

- 1 Päckchen Vanillinzucker
- 150 g Zucker
- 1 Prise Salz
- 3 Eier
- 300 g Mehl
- 2 Teelöffel Backpulver
- 100 g gemahlene Mandeln
- abgeriebene Schale einer halben Zitrone
- abgeriebene Schale einer halben Orange

der Zucker gelöst ist, die Eier nach und nach unterrühren.
Mehl, Backpulver und Mandeln mischen und hineingeben. Die Gewürze, Arrak und Zitronensaft zufügen und alles unterrühren.
Eine Springform von 26 cm Durchmesser einfetten. Teig reinfüllen. Form auf die untere Schiene in den vorgeheizten Ofen schieben.
Backzeit: 40 Minuten
Elektroherd: 200 Grad
Gasherd: Stufe 3 oder 1/3 große Flamme
Torte aus dem Ofen nehmen, aus der Form lösen und auf einen Kuchendraht stürzen. Abkühlen lassen und mit einem starken Zwirnsfaden oder einem großen Messer zweimal waagerecht durchteilen.

Für die Füllung Orangenmarmelade mit Arrak verrühren. 2 Tortenplatten damit bestreichen.
Für die Glasur Eiweiß in einer Schüssel zu steifem Schnee schlagen. Puderzucker reinrühren. Mit Arrak mischen. Glasur schnell auf die Torte streichen. Auch die Ränder bestreichen. Die Belegkirschen halbieren. Das Zitronat in 12 schmale, lange Streifen schneiden. Auf der Tortenoberfläche mit einem Messer 12 Stücke markieren. Die zwölf Linien mit den Zitronatstreifen als Blütenstiele zur Mitte hin belegen. In der Tortenmitte soll ein kleiner Kreis freibleiben. In jedes markierte Stück eine Blüte aus Mandeln und halbierten Kirschen legen: fünf ganze Mandeln mit der Spitze nach innen kreisförmig anordnen, in die Mitte mit der Wölbung nach oben eine Kirschhälfte setzen. Die Glasur in etwa 60 Minuten erstarren lassen.

1 Messerspitze gemahlene Nelken
½ Teelöffel Zimt
2 Eßlöffel Arrak
2 Eßlöffel Zitronensaft
Sanella zum Einfetten
Für die Füllung:
1 Glas Orangenkonfitüre (450 g)
3 Eßlöffel Arrak
Für die Glasur:
1½ Eiweiß
200 g Puderzucker
2 Eßlöffel Arrak
Zum Ganieren:
6 Belegkirschen
120 g Zitronat im Stück
60 geröstete Mandeln

Englische Teeplätzchen

Englische Teeplätzchen schmecken ganz zart nach Muskat.

150 g Butter
80 g Zucker
1 gehäufter Teelöffel gemahlene Muskatblüte (Macis)
1 Prise Salz
2 Eier
325 g Mehl
1½ Teelöffel Backpulver
knapp ⅛ l Milch
50 g Korinthen
Margarine oder Öl zum Einfetten
1 Eßlöffel Puderzucker zum Bestäuben

Butter mit Zucker schaumig schlagen. Muskatblüte und Salz mit den aufgeschlagenen Eiern einrühren. Mehl mit Backpulver mischen. Abwechselnd mit der Milch in den Teig rühren. Gewaschene, sehr gut abgetropfte Korinthen zum Schluß unterheben. Backblech leicht einfetten. Mit einem Teelöffel kleine Teighäufchen aufs Blech setzen. In den vorgeheizten Ofen auf die mittlere Schiene schieben.
Backzeit: 15 Minuten
Elektroherd: 180 Grad
Gasherd: Stufe 3 oder ⅓ große Flamme
Backblech aus dem Ofen nehmen. Plätzchen vom Blech lösen.
Mit Puderzucker bestäuben.
Ergibt 50 Teeplätzchen.

Englischer Teekuchen

Englischer Teekuchen paßt am besten zu Tee.

Fett schaumig rühren. Zucker zugeben und mit dem Fett schaumig rühren. Nach und nach die Eier drunterrühren und das Mehl druntermischen.
Zum Schluß die gewaschenen, getrockneten Früchte, das Zitronat, die Mandeln und Orangenschale zugeben. Eine Kastenform von 23 cm Länge mit eingefettetem Pergamentpapier auslegen, Teig einfüllen und mit Mandeln gleichmäßig bestreuen.
Form in den vorgeheizten Ofen auf die untere Schiene stellen (Backrostwölbung nach unten).
Backzeit: 2 ½ Stunden
Elektroherd: 150 Grad
Gasherd: Stufe 1 oder kleinste Flamme
Form aus dem Ofen nehmen, kurz abkühlen lassen. Den Kuchen vorsichtig aus der Form heben, das Pergamentpapier entfernen und den Kuchen auf einem Kuchendraht abkühlen lassen.

225 g Butter oder Margarine
225 g Zucker
6 Eier
225 g Mehl
115 g Korinthen
115 g kernlose Rosinen
115 g Sultaninen
60 g fein gewürfeltes Zitronat
85 g gemahlene Mandeln
abgeriebene Schale einer Orange
Außerdem:
Margarine zum Einfetten
15 g gehackte Mandeln zum Bestreuen

Zimtsterne

- 500 g ungeschälte Mandeln
- 4 Eiweiß
- 1 Prise Salz
- 300 g Puderzucker
- 1 Eßlöffel Zitronensaft
- 2 Teelöffel gemahlener Zimt
- Margarine zum Einfetten

Mandeln in einem Küchentuch abreiben. Durch die Mandelmühle drehen oder in der Küchenmaschine fein mahlen. Eiweiß mit Salz in einer Schüssel sehr steif schlagen. Unter weiterem Schlagen langsam den gesiebten Puderzucker und tropfenweise den Zitronensaft zugeben. Von dem Eiweißschaum 4 Eßlöffel abnehmen. Zugedeckt beiseite stellen.
450 g Mandeln und Zimt vorsichtig mit dem Eischnee vermengen.
Die Arbeitsfläche mit den restlichen gemahlenen Mandeln bestreuen. Den Teig darauf in kleinen Portionen vorsichtig (der Teig reißt leicht) 5 mm dick ausrollen. Sterne (Durchmesser etwa 6 cm) ausstechen. Ein Backblech mit Pergamentpapier oder Alufolie auslegen und mit Margarine einfetten. Zimtsterne darauf legen und mit dem zurückbehaltenen Eiweißschaum bestreichen.
Backblech in den vorgeheizten Ofen auf die mittlere Schiene schieben. Die Zimtsterne sollen mehr trocknen als backen.
Backzeit: 25 Minuten
Elektroherd: 160 Grad
Gasherd: Stufe 2 oder kleinste Flamme
Zimtsterne rausnehmen, mit einer Palette vorsichtig vom Backpapier lösen und auf einem Kuchendraht auskühlen lassen. In gut verschlossenen Behältern aufbewahren.
Ergibt etwa 65 Stück

Beim Ausstechen den Teig gut ausnutzen. Die Teigreste können nämlich nicht wieder ausgerollt werden. Am besten kleine Kugeln daraus formen und mit einer bemehlten Gabel flachdrücken.

Zimtsterne aus lockerem Mandelteig sind besonders zur Weihnachtszeit eine begehrte Leckerei.

Vanillekipferl sind allerfeinstes österreichisches Gebäck.

Vanillekipferl

250 g Mehl
2 Eigelb
80 g Puderzucker
1 Vanilleschote
1 Päckchen Vanillinzucker
1 Prise Salz
100 g gemahlene Mandeln
200 g Butter
Mehl zum Ausrollen
50 g feiner Zucker
2 Päckchen Vanillinzucker

Für den Teig Mehl auf die Arbeitsfläche geben. In die Mitte eine Mulde drücken. Da hinein Eigelb, Puderzucker, Mark der Vanilleschote, Vanillinzucker und Salz geben. Mandeln auf den Rand streuen. Die gut gekühlte Butter in Flöckchen auf dem Rand verteilen. Alles mit einem Messer durchhacken. Mit kalten Händen schnell zu einem glatten Teig kneten. Zugedeckt 60 Minuten in den Kühlschrank stellen.
Arbeitsfläche mit Mehl bestäuben. Aus dem Teig ½ cm dicke und 5 cm lange Rollen formen. Zu Kipferl biegen. Aufs ungefettete Backblech legen.
Blech in den vorgeheizten Ofen auf die mittlere Schiene schieben.

Backzeit: 10 Minuten
Elektroherd: 200 Grad
Gasherd: Stufe 4 oder knapp ½ große Flamme
Blech aus dem Ofen nehmen und Zucker mit Vanillinzucker auf einem Teller mischen. Die noch warmen Kipferl darin wenden. Abkühlen lassen.
Ergibt etwa 95 Stück.

Weihnachtsringe

Probieren Sie doch Weihnachtsringe auch im Sommer.

Für den Teig:
2 Eier
2 Eigelb
150 g Puderzucker
250 g Butter
abgeriebene Schale einer halben Zitrone
300 g Mehl
Mehl zum Formen
Margarine zum Einfetten
2 Eigelb zum Bestreichen
Zum Bestreuen:
60 g Hagelzucker

Eier hart kochen und unter kaltem Wasser abschrecken, schälen und halbieren. Die Eigelb mit einem Teelöffel rausnehmen und danach durch ein feines Sieb in eine Schüssel passieren. Die frischen Eigelb, Puderzucker und die weiche Butter dazugeben und alles gut verrühren. Abgeriebene Zitronenschale auch zufügen. Dann das Mehl unterkneten. Den Teig zu einer Kugel formen und zugedeckt zwei Stunden im Kühlschrank ruhen lassen.
Dann vom Teig walnußgroße Stücke abnehmen und mit bemehlten Händen zu Strängen von ½ cm Durchmesser und 14 cm Länge formen. Die Ringe jeweils zu einem Kranz zusammenlegen.
Ein Backblech mit Margarine einfetten und die Weihnachtsringe darauflegen. Ringe mit verquirltem Eigelb bestreichen und gleichmäßig mit Hagelzucker bestreuen. In den vorgeheizten Ofen auf die mittlere Schiene schieben.
Backzeit: 15 Minuten
Elektroherd: 200 Grad
Gasherd: Stufe 3 oder ⅓ große Flamme
Weihnachtsringe vom Blech lösen und abkühlen lassen.
Ergibt etwa 70 Stück.

Herrenhuter Herzen

Für den Teig:
375 g Mehl
225 g Butter oder Sanella
175 g Zucker
2 Eier
Mehl zum Ausrollen

Zutaten zu einem glatten Teig kneten. Aus dem Teig einen flachen Kloß formen und eine Stunde im Kühlschrank ruhen lassen.
Den Teig auf bemehlter Arbeitsfläche etwa ½ cm dick ausrollen. Herzformen von etwa 4 cm Durchmesser ausstechen. Backblech einfetten, Herzen nicht zu dicht drauflegen.

Blech in den vorgeheizten Backofen auf die mittlere Schiene schieben.
Backzeit: 15 Minuten
Elektroherd: 200 Grad
Gasherd: Stufe 3 oder 1/3 große Flamme
Die goldbraunen Kekse vom Blech nehmen und auf einem Kuchengitter gut auskühlen lassen.
Für die Verzierung 150 g gesiebten Puderzucker mit Vanillinzucker und heißem Wasser zu einem dicklichen Guß verrühren.
Für den Himbeerguß die andere Hälfte des gesiebten Puderzuckers mit dem Himbeersirup, Einmachzucker und dem Zitronensaft verrühren.
Die Herzen mit Hilfe eines Backpinsels zur einen Hälfte gleichmäßig mit dem hellen Vanilleguß bestreichen. Anschließend die andere Hälfte mit dem Himbeerguß überziehen. Je eine Mandelhälfte mit der Schnittseite nach unten auf die mit Vanilleguß bestrichenen Herzhälften legen.
Ergibt etwa 90 Stück.

Sanella zum Einfetten
Für die Glasur:
300 g Puderzucker
2 Päckchen Vanillinzucker
2 Eßlöffel heißes Wasser
2 Eßlöffel dicker Himbeersirup (30 ccm)
1 Teelöffel roter Einmachzucker
einige Spritzer Zitrone
150 g abgezogene, halbierte Mandeln

Das Haselnußgebäck hat einen ganz feinen Zimtgeschmack.

Haselnußgebäck

200 g Butter oder Margarine
125 g Puderzucker
2 Eier
125 g gemahlene Haselnüsse
125 g Mehl
1 Prise Salz
1 Messerspitze Zimt
Margarine zum Einfetten
60 ganze Haselnüsse

Butter oder Margarine in einer Schüssel glattrühren. Mit Puderzucker und Eiern schaumig schlagen. Nach und nach gemahlene Haselnüsse und Mehl, Salz und Zimt reinkneten. 120 Minuten zugedeckt im Kühlschrank ruhen lassen.
Backblech einfetten. Aus dem Teig kleine Kugeln formen. Aufs Blech legen. In die Mitte jeder Kugel eine Haselnuß drücken. In den vorgeheizten Ofen auf die mittlere Schiene schieben.
Backzeit: 15 Minuten
Elektroherd: 180 Grad
Gasherd: Stufe 3 oder 1/3 große Flamme
Ergibt etwa 60 Stück auf 3 Blechen.

Kokosnuß-Makronen

4 Eiweiß
200 g Zucker
280 g Kokosraspeln

Eiweiß in einer Schüssel sehr steif schlagen. Nach und nach Zucker einrieseln lassen. Dabei bitte immer weiterschlagen, damit die

Masse fest wird. Kokosraspeln und abgeriebene Zitronenschale zugeben. Mit einem Holzlöffel vorsichtig unterheben.
Backblech mit Backtrennpapier oder Alufolie belegen. Mit einem Teelöffel kleine Teighäufchen draufsetzen. In den vorgeheizten Ofen auf die mittlere Schiene schieben.
Backzeit: 30 Minuten
Elektroherd: 160 Grad
Gasherd: Stufe 2 oder knapp ⅓ große Flamme
Die Makronen müssen mehr trocknen als backen. Blech aus dem Ofen nehmen. Makronen mit einem dünnen Pfannenmesser sofort vom Blech lösen. Auf einen Kuchendraht legen und abkühlen lassen.
Sie können die Kokosnuß-Makronen auch auf Oblaten backen. Aber bitte immer runde Oblaten nehmen. Eckige Makronen gibt es nicht.

abgeriebene Schale
einer Zitrone

Kokosnuß-Makronen: Knabberei von internationalem Rang.

Schwarzweiß-Gebäck

Für den Teig:
250 g Mehl
1 Ei
1 Eßlöffel Rum (40%)
Mark einer halben Vanilleschote
je 125 g Zucker und Butter
Außerdem:
je 20 g Kakao und Zucker
1 Eßlöffel Milch (10 g)
2 Eiweiß zum Bestreichen

Für Schwarzweiß-Gebäck gilt: Je mehr Muster desto hübscher. Deshalb machen wir Ihnen hier gleich vier Vorschläge. Die Zubereitung ist übrigens einfacher, als sie auf den ersten Blick aussieht.

Mehl auf die Arbeitsfläche geben. In die Mitte eine Mulde drücken. Ei, Rum, Vanillemark und Zucker reingeben. Die gut gekühlte Butter in Flöckchen schneiden und auf dem Mehlrand verteilen. Von außen nach innen einen glatten Mürbeteig kneten. Den Teig halbieren. Eine Hälfte davon zugedeckt in den Kühlschrank legen.

Kakao, Zucker und Milch in einem kleinen Topf verrühren. Unter die restliche Teighälfte kneten, bis der Teig gleichmäßig dunkel ist. Auch zugedeckt im Kühlschrank 30 Minuten ruhen lassen.

1. Baumscheiben: Teighälften aus dem Kühlschrank nehmen. Je ein Drittel abnehmen und das dunkle zu einer Rolle von 3 cm Durchmesser formen. Weißes Teigdrittel zur gleichen Länge wie die dunkle Rolle und 10 cm breit ausrollen. Ränder glattschneiden. Weiße Teigplatte mit Eiweiß bestreichen und nun die schwarze Rolle damit umwickeln. Wo die weißen Ränder aneinanderstoßen, fest

Den Teig für Schwarzweiß-Gebäck in Hälften ausrollen.

Helle und dunkle Teigplatte dann rechteckig zuschneiden.

Teighälften nach Anweisung gut mit Eiweiß bestreichen.

zusammendrücken. In Alufolie schlagen und in den Kühlschrank legen.
2. Rouladenplätzchen: Je ein Teigdrittel zu zwei gleich großen rechteckigen und 3 mm dicken Platten ausrollen. Ränder glattschneiden. Helle Platte mit Eiweiß bestreichen. Dunkle Platte drauflegen. Auch mit Eiweiß bestreichen.
Platten der Länge nach aufrollen. In Alufolie wickeln und in den Kühlschrank legen.
3. Schnecken: die letzten Teigdrittel wie für die Rouladenplätzchen ausrollen. Ränder glattschneiden.
Dunkle Platte mit Eiweiß bestreichen. Helle Platte draufsetzen. Auch mit Eiweiß bestreichen. Teigplatten von rechts und links gleichmäßig zur Mitte hin aufrollen. In Alufolie wikkeln. In den Kühlschrank legen.
Auch die Abschnittreste des dunklen und hellen Teiges können Sie verwerten. Einfach zu einem marmorierten Teig verkneten.
Einen länglichen Block von 3 mal 5 cm daraus formen. In Alufolie wickeln und in den Kühlschrank legen.
Nacheinander, in der Reihenfolge der Zubereitung, die Alupäckchen aus dem Kühlschrank nehmen.
Teigstücke auswickeln und in 5 mm dicke Scheiben schneiden. Aufs Backblech legen. In den vorgeheizten Ofen auf die mittlere Schiene schieben.

Schnecken: Zusammengelegte Platten zur Mitte rollen.

Gekühlten, aufgerollten Teig in dünne Scheiben schneiden.

Je mehr Muster desto besser für die Schwarzweiß-Bäckerei.

Backzeit: 10 Minuten
Elektroherd: 180 Grad
Gasherd: Stufe 3 oder ⅓ große Flamme
Blech aus dem Ofen nehmen. Gebäck auf einem Kuchenrost auskühlen lassen.
Ergibt 2 Bleche mit insgesamt 60 Stück.

Anisbrötli

400 g Zucker
6 Eier
500 g Mehl
ein paar Tropfen Zitronensaft
15 g Anissamen (grob zerstoßen)
Margarine zum Einfetten
100 g Zucker zum Bestreuen

Zucker und Eier im leicht erwärmten Wasserbad schaumig schlagen. Das Mehl nach und nach unter die Eimasse mischen. Zitronensaft und Anis zugeben. Den weichen Teig in einen Spritzbeutel füllen und mit der großen glatten Tülle dicke Tupfer auf das eingefettete Blech setzen. Anisbrötli dick mit Zucker bestreuen. Zuckerreste vorsichtig vom Blech abklopfen. Die Brötli bei Zimmertemperatur etwa 4 Stunden trocknen lassen, bis sie eine krustige Oberfläche haben. Anschließend im vorgeheizten Backofen auf der mittleren Schiene hell backen.
Backzeit: 20–25 Minuten
Elektroherd: 160 Grad
Gasherd: Stufe 1 oder kleinste Flamme.
Anisbrötli sofort vom Blech lösen.
Ergibt 50 Stück.
Anisbrötli lassen sich in einer verschlossenen Dose vier Wochen aufbewahren.

Süßes Gewürzgebäck

Für den Teig:
125 g Butter
125 g Zucker

Für den Teig Butter und Zucker schaumig rühren. Ei und die Gewürze reinrühren. Mehl, Haselnüsse und Semmel- oder Biskuitbrösel

zugeben und alles zu einem glatten Teig kneten. Zugedeckt eine Stunde im Kühlschrank ruhen lassen.
Teig auf einer bemehlten Arbeitsfläche zu einer 4 mm dicken und 25 mal 30 cm großen Platte ausrollen. Daraus 3 mal 6 cm große Rechtecke schneiden. Auf ein ungefettetes Backblech legen. Das Blech in den vorgeheizten Ofen auf die mittlere Schiene stellen.
Backzeit: 15–17 Minuten
Elektroherd: 190 Grad
Gasherd: Stufe 2–3 oder knapp ⅓ große Flamme
Gebäck auf einem Kuchendraht auskühlen lassen. Für den Guß gesiebten Puderzucker und Zitronensaft verrühren. Plätzchen damit bestreichen. Mit in Streifen geschnittenem Orangeat und Zitronat garnieren.
Ergibt 40 Stück.

1 Ei
1 Messerspitze geriebene Muskatnuß
1 Messerspitze Zimt
1 Messerspitze gemahlene Nelken
abgeriebene Schale einer Zitrone
125 g Mehl
125 g gemahlene Haselnüsse
125 g Semmel- oder Biskuitbrösel
Mehl zum Ausrollen
Für die Glasur:
200 g Puderzucker
3–4 Eßlöffel Zitronensaft
Zum Belegen:
je 30 g Orangeat und Zitronat

Mandel-Spekulatius

500 g Mehl
250 g gekühlte Butter
250 g Farinzucker
2 Eier
1 Teelöffel gemahlener Zimt
1 Teelöffel gemahlene Nelken
½ Teelöffel gemahlener Kardamom
½ Teelöffel Backpulver
Mehl zum Bestäuben

Spekulatius werden in eigens dafür hergestellten Modeln geformt. Meist sind es Holzplatten, in die 6 bis 12 Spekulatiusformen eingeschnitzt sind. Wer keine Model hat, kann die Formen auch ausstechen. Das ist zwar etwas leichter, dauert aber länger. (Der Teig muß dann knapp 3 mm dick ausgerollt werden)

Mehl und Butter in Flöckchen in eine Schüssel geben. Butter mit dem Mehl zerkrümeln. Zucker, Eier, die Gewürze und Backpulver drübergeben und alles schnell zu einem geschmeidigen Teig kneten. Anschließend den Teig zugedeckt an einem kühlen Ort über Nacht stehenlassen.

Teig auf einem bemehlten Backbrett nochmals durchkneten. Model mit Mehl bestäuben und den Teig stückweise in die Model drücken. Mit einem bemehlten Messer den überstehenden Teig abschneiden. Teigreste kühl stellen und dann weiterverarbeiten. Mandelblätter auf die Spekulatius drücken.
Backblech gut einfetten. Spekulatius vorsichtig aus den Modeln heben und mit der Mandelseite auf das Blech legen. In den vorgeheizten Ofen auf die mittlere Schiene schieben.
Backzeit: 10 Minuten
Elektroherd: 200 Grad
Gasherd: Stufe 4 oder knapp ½ große Flamme
Ergibt 6 Bleche und etwa 144 Stück.

125 g blättrige Mandeln
Margarine zum Einfetten

Dominosteine

Eier und Zucker schaumig rühren. Honig im Wasserbad dünnflüssig rühren. Haselnüsse, Zitronat und Orangeat fein hacken. Schokolade reiben. Diese Zutaten in die Eier-Zucker-Masse geben. Mehl mit Backpulver mischen und reinsieben. Zimt, gemahlene Nelken und abgeriebene Zitronenschale zugeben. Zu einem glatten Teig verrühren. Blech einfet-

2 Eier
80 g Zucker
125 g Honig
30 g Haselnüsse
30 g Zitronat
30 g Orangeat
40 g Blockschokolade

Schokoladenüberzogene Dominosteine sind ein klassisches Kleingebäck.

250 g Mehl
½ Päckchen Backpulver
½ Teelöffel Zimt
1 Messerspitze gemahlene Nelken
abgeriebene Schale einer Zitrone
Margarine zum Einfetten
Für die Füllung:
Aprikosen- oder Zitronengelee
Marzipanrohmasse
Für die Glasur:
200 g zartbittere Schokolade

ten. Teig ganz gleichmäßig auf das Blech streichen. In den vorgeheizten Ofen auf die Mittelschiene schieben.
Backzeit: 15 Minuten
Elektroherd: 200 Grad
Gasherd: Stufe 4 oder ½ große Flamme
Teig vom Blech lösen und noch warm in gleichmäßige Würfel schneiden. Auskühlen lassen. Jeden Würfel halbieren, mit Gelee oder Marzipanrohmasse füllen. Oder mit beidem füllen. Dazu die Marzipanrohmasse auf Zucker ausrollen und in passende Stücke schneiden.
Für die Glasur die Schokolade im Wasserbad auflösen. Dominosteine dick damit bestreichen oder in die Schokolade tauchen. Auf dem Kuchenrost trocknen lassen.

Aachener Printen

500 g Sirup
3 Eßlöffel Wasser
5 g Pottasche
150 g Kandiszucker
100 g Zucker
600 g Mehl
50 g gewürfeltes Orangeat
1 Prise Piment
3 gehäufte Teelöffel Anis
je 2 Teelöffel Koriander und Zimt
je 1 Prise Nelkenpfeffer, Kardamom, Muskatnuß und Natron

Sirup mit Wasser erhitzen. Pottasche in etwas Wasser auflösen. Mit kleingeschlagenem Kandiszucker und den übrigen Zutaten zum Sirup geben. Teig gut kneten. Am besten über Nacht stehenlassen. 3 mm dick ausrollen. 3 mal 8 cm große Rechtecke ausschneiden. Backblech mit Wasser bestreichen. Teigstücke drauflegen, backen.
Backzeit: etwa 15 Minuten
Elektroherd: 220 Grad
Gasherd: Stufe 5 oder ½ große Flamme
Ergibt 65 bis 70 Printen.

Elisenlebkuchen

Eier in einer Schüssel zusammen mit Puderzucker schaumig rühren. Gewürze, Zitronenschale, gemahlene Mandeln und Haselnüsse unterziehen.
Zitronat und Orangeat ganz fein hacken. Auch in die Schüssel geben. Teig noch einmal ganz kurz durchrühren.
Backoblaten auf ein Blech setzen. Teig mit zwei Teelöffeln etwa 1 cm hoch draufstreichen. Dabei ½ cm Rand stehenlassen.
Blech in den vorgeheizten Elektroherd auf die mittlere Schiene schieben.
Beim Gasherd ist das Vorheizen für dieses Rezept nicht erforderlich.
Backzeit: 25 Minuten
Elektroherd: 200 Grad
Gasherd: Stufe 3 oder ⅓ große Flamme

4 Eier
180 g Puderzucker
je eine Messerspitze gemahlene Nelken und Muskatblüte
1 gestrichener Eßlöffel Zimt
1 Prise Salz
abgeriebene Schale einer Zitrone
175 g ungeschälte, gemahlene Mandeln
175 g gemahlene Haselnüsse
175 g Zitronat

85 g Orangeat
45 runde Backoblaten von etwa 7 cm Durchmesser
Für die Schokoladenglasur:
200 g Puderzucker
35 g Kakao
30 g Kokosfett
5 Eßlöffel heißes Wasser

Blech aus dem Ofen nehmen. Die Lebkuchen auf einen Kuchendraht legen.
Für den Guß den gesiebten Puderzucker und Kakao in einer Schüssel mischen. Das Kokosfett in einem Topf schmelzen lassen. Zuerst das Fett, dann das Wasser in den Puderzucker rühren. Guß auf die leicht abgekühlten Lebkuchen streichen und erstarren lassen.
Ergibt 45 Stück.
Lebkuchen in einer gut schließenden Blechdose aufbewahren.

Nürnberger Lebkuchen

Für den Teig:
4 Eier
225 g Zucker
1 Päckchen Vanillinzucker
1 Prise Salz
1 gehäufter Teelöffel Backpulver
250 g Mehl
225 g gemahlene Mandeln
abgeriebene Schale einer Zitrone
je 1 Messerspitze gemahlene Nelken, gemahlenes Piment und gemahlener Kardamom
90 g Zitronat
30 runde Backoblaten von 8 cm Durchmesser

Eier, Zucker, Vanillinzucker und Salz in einer Schüssel schaumig rühren. Anschließend eßlöffelweise das mit Backpulver gemischte Mehl und die Mandeln zufügen und vorsichtig unterziehen.
Zitronenschale und Gewürze in den Teig rühren. Zitronat ganz fein hacken. In den Teig geben.
Backoblaten auf ein Blech verteilen. Teig etwa 1 cm dick auf die Oblaten streichen. Dabei einen Rand von etwa 1 cm frei lassen, denn der Teig verläuft etwas.
Blech in den vorgeheizten Ofen auf die mittlere Schiene schieben.
Backzeit: 30 Minuten
Elektroherd: 180 Grad
Gasherd: Stufe 2 oder knapp 1/3 große Flamme
Lebkuchen aus dem Ofen nehmen.
Für den Guß den gesiebten Puderzucker, Wasser und Rosenwasser glattrühren. Guß dünn auf die noch warmen Lebkuchen streichen. Kuchen auf dem Blech abkühlen las-

sen. Die eventuell überstehenden Oblatenreste vorsichtig abbrechen.
Ergibt 30 Stück.
In einer gut verschlossenen Blechdose bleiben die Lebkuchen einige Wochen frisch. Wenn Sie mögen, können Sie einen Teil der Nürnberger Lebkuchen mit Schokoladenglasur oder Couverture überziehen.

1 gehäufter Teelöffel Zimt
Für den Guß:
200 g Puderzucker
3 Eßlöffel heißes Wasser
2 Eßlöffel Rosenwasser (20 g)

Früchtebrot

3 Eier
150 g Farinzucker (brauner Zucker)
1 Päckchen Vanillinzucker
je 1 Prise Salz, gemahlene Nelken, Muskatblüte (Macis), Kardamom und Ingwer
abgeriebene Schale einer Orange
125 g Mehl
½ Päckchen Backpulver
50 g gehackte Mandeln
100 g grob gehackte Haselnußkerne
je 100 g Feigen und Datteln
100 g fein gehacktes Zitronat
50 g fein gehacktes Orangeat
je 75 g Korinthen und kernlose Rosinen
Mehl zum Bestäuben
Außerdem:
Margarine zum Einfetten
20 g gemahlene Haselnußkerne zum Ausstreuen

Eier, Zucker, Gewürze, Orangenschale, Mehl und Backpulver in einer Schüssel zu einem glatten Teig rühren. Mandeln und Haselnußkerne drunterrühren. Feigen und Datteln würfeln. Zitronat, Orangeat, die gewaschenen, abgetropften und trockengetupften Korinthen und Rosinen dazugeben. Alles mit wenig Mehl bestäuben, mischen und unter den Teig arbeiten.

Eine Kastenform von etwa 20 cm Länge einfetten. Mit gemahlenen Haselnußkernen ausstreuen. Teig einfüllen. Im vorgeheizten Backofen auf der mittleren Schiene backen.

Backzeit: 100 Minuten
Elektroherd: 180 Grad
Gasherd: Stufe 2 oder knapp ⅓ große Flamme

Nach 50 Minuten Backzeit mit Pergamentpapier abdecken.

Form aus dem Ofen nehmen, Kuchen aus der Form lösen, auf einen Kuchendraht stürzen und abkühlen lassen.

Inzwischen den Guß zubereiten: Gesiebten Puderzucker und Rum glattrühren. Das

Früchtebrot damit gleichmäßig bestreichen. Die Belegkirschen halbieren. Den Kuchen abwechselnd mit Mandelhälften und Kirschen garnieren.

Für den Guß:
200 g Puderzucker
1 Glas (2 cl) Rum
Zum Garnieren:
10 Belegkirschen
10 Mandelhälften

Hexenhaus

Bienenhonig und Wasser aufkochen und abkühlen lassen. Mehl, Zitronat, Orangeat und Lebkuchengewürz in eine Schüssel geben. In die Mitte eine Mulde drücken. Den fast erkalteten Honig hineingießen. Einen glatten, geschmeidigen Teig kneten. Zum Schluß Natron untermischen.

1250 g Bienenhonig
300 ccm Wasser
700 g Roggenmehl
750 g Weizenmehl
je 125 g sehr fein gehacktes Zitronat und Orangeat

45 g Lebkuchengewürz
35 g Natron
Mehl zum Ausrollen
Margarine zum Einfetten
Für den Guß:
800 g Puderzucker
5 Eiweiß
Zum Garnieren:
20 abgezogene Mandelhälften
buntes Zuckerwerk

Fertigen Honigkuchenteig 1 bis 2 Tage lagern, bevor er weiterverarbeitet wird. Er wird dadurch lockerer. Um den Blockhauscharakter zu erreichen, werden auf bemehlter Arbeitsfläche 38 gleich starke Stränge (Durchmesser 1 cm, Länge 20 cm) ausgerollt: und zwar 2 mal 7 Stränge für die Seitenteile, 2 mal 7 für die Giebelfronten, 2 mal 5 für die Giebel. Um die Giebelform zu bekommen, werden die 5 Giebelstränge jeweils übereinandergelegt und spitz zugeschnitten.
Backblech mit Margarine einfetten und die Teigstränge, geordnet nach Seiten- und Vorderteilen, jeweils im Abstand von 2 bis 3 mm drauflegen.
Durch die Treibkraft des Teiges schließen sich beim Backen diese Zwischenräume.
Blech in den vorgeheizten Ofen auf die mittlere Schiene schieben.
Backzeit: 20 Minuten
Elektroherd: 200 Grad
Gasherd: Stufe 3 oder 1/3 große Flamme
Blech aus dem Ofen nehmen, die Hausteile vorsichtig auf einen Kuchendraht legen und abkühlen lassen. Danach mit einem spitzen Messer Tür und Fenster ausschneiden.
Den restlichen Teig 1/2 cm dick ausrollen, zwei Dachflächen (25 mal 25 cm) ausschneiden.
Den dann übrigbleibenden Teig für die Grundplatte 3 mm dick ausrollen und auf 28 mal 30 cm zuschneiden; außerdem 20 Giebelsteine (2 mal 3 cm), Zaunlatten und Kamin.
Alle Teigstücke auf einem gefetteten Blech im vorgeheizten Ofen auf der mittleren Schiene backen.
Backzeit: 18 Minuten
Elektroherd: 200 Grad
Gasherd: Stufe 3 oder 1/3 große Flamme
Rausnehmen und abkühlen. Jetzt kann man das Haus zusammensetzen. Dafür Puderzuk-

ker mit Eiweiß zu einem zähen, streichfähigen Guß verrühren. Die Teigenden der beiden Giebel- und Längsseiten mit Guß bestreichen und zusammendrücken (vorsichtig mit einem Faden umbinden, dann braucht man die Seiten nicht festzuhalten). Ist der Guß getrocknet, werden die Dachflächen (mit Guß) draufgeklebt und auch festgebunden. Grundplatte mit Glasur bestreichen und das Haus draufsetzen. Tür und Fenster ansetzen. Giebelsteine an der Dachkante festkleben, darauf die Mandelhälften. Dach mit Glasur bestreichen und den Kamin draufsetzen. Danach den Zaun an der Frontseite anbringen. Mit Glasur überall kleine Eiszapfen (Pergamenttüte) anbringen und Dach und Hausfront mit Zuckerwerk garnieren.
Der Guß trocknet sehr schnell, darum sollte man ihn portionsweise anrühren.

Dresdner Stollen

Mehl in eine Schüssel geben. In die Mitte eine Vertiefung drücken. Hefe reinbröckeln. Mit einigen Eßlöffeln Milch, etwas Zucker und Mehl vom Rand zum Vorteig verrühren. 20 Minuten zugedeckt an einem warmen Ort gehen lassen.
Restliche Milch, Zucker, Vanillinzucker, Salz, Zitronenschale, Kardamom, Muskatblüte und Butter zum Vorteig geben und gründlich durchkneten. Den Teig so lange schlagen, bis er Blasen wirft und sich vom Schüsselrand löst. Dann zugedeckt noch mal 30 Minuten gehen lassen.
Rosinen unter heißem Wasser abspülen, abtropfen lassen und trocknen. Rosinen, Zitronat, Mandeln, Bittermandelöl und Oran-

750 g Mehl
75 g Hefe
¼ l lauwarme Milch
150 g Zucker
2 Päckchen Vanillinzucker
½ Teelöffel Salz
abgeriebene Schale einer Zitrone
je eine Messerspitze Kardamom und Muskatblüte
300 g weiche Butter
500 g Rosinen
150 g fein gehacktes Zitronat

150 g gehackte Mandeln
1 kleine Flasche Bittermandelöl
abgeriebene Schale von 2 Orangen
Außerdem:
Mehl zum Ausrollen
Margarine zum Einfetten
50 g zerlassene Butter zum Bestreichen
100 g Puderzucker
1 Päckchen Vanillinzucker

genschale in den Teig kneten. Teig bei Zimmertemperatur 45 Minuten gehen lassen. Teig auf der bemehlten Arbeitsfläche etwa 4 cm dick ausrollen. Einmal längs so zusammenfalten, daß die untere Teigplatte etwas übersteht. Von allen Seiten leicht zur Stollenform drücken. Mit der Handkante den Teig in Längsrichtung über der Faltstelle einkerben. Stollen auf das eingefettete Backblech legen, dünn mit der Hälfte der Butter bestreichen. Den Stollen mit einem Streifen eingefetteter Alufolie umlegen. Mit einer Büroklammer verschließen. Blech auf die mittlere Schiene in den vorgeheizten Ofen schieben.
Backzeit: 90 Minuten
Elektroherd: 200 Grad
Gasherd: Stufe 3 oder 1/3 große Flamme
Den Stollen aus dem Ofen nehmen. Noch warm mit der restlichen Butter bestreichen. Puderzucker und Vanillinzucker mischen. Den Stollen dick damit bestäuben.
Ihren Stollen sollten Sie möglichst einige Wochen vor Weihnachten backen. Denn erst nach einer gewissen Lagerzeit entfaltet er all seine guten Geschmackseigenschaften.

Leipziger Stollen

1250 g Mehl
90 g Hefe
2 Teelöffel Zucker (10 g)
1/4 l lauwarme Milch
je 125 g Rinderfett, Schmalz und Kokosfett
250 g Sanella
250 g Zucker

Mehl in eine angewärmte Backschüssel geben. Eine Mulde in die Mitte drücken. Hefe reinbröckeln. Zucker drüberstreuen. Mit etwas lauwarmer Milch zum Vorteig verrühren. Vom Rand Mehl über den Vorteig stäuben. Mit einem Geschirrtuch zudecken und an einem warmen Ort in 30 Minuten zur doppelten Menge aufgehen lassen.
In der Zwischenzeit das Rinderfett, Schmalz, Kokosfett und Margarine flüssig, aber nicht

heiß werden lassen. Über dem Mehlrand verteilen.
Restliche lauwarme Milch und Zucker, Mandeln, Bittermandelöl, abgeriebene Schale und Saft der Zitrone, Vanillinzucker und Salz dazugeben. Teig mischen und mindestens eine Viertelstunde kräftig kneten und schlagen. Dann die gewaschenen, getrockneten Sultaninen und das Zitronat kurz einkneten. Teig in drei Stücke teilen. Zwei davon an einem kühlen Ort aufbewahren. Ein Stück rechteckig ausrollen, eine Längsrille reindrücken. Erst ein Drittel rüberklappen, dann das andere, so daß eine Stollenform entsteht. Backblech mit Alufolie belegen, die größer ist als der Stollen. Überstehende Folie nach oben einklappen. Die Ränder der Folie dürfen den Teig leicht berühren, damit der Stollen

180 g gehackte süße Mandeln
½ Fläschchen Bittermandelöl
1 Zitrone
1 Päckchen Vanillinzucker
1 kräftige Prise Salz
250 g Sultaninen
100 g gewürfeltes Zitronat
Zum Bestreichen und Bestreuen:
200 g Butter
3 Päckchen Vanillinzucker
6 Eßlöffel Zucker
150 g Puderzucker

nicht in die Breite, sondern nur in die Höhe gehen kann. 30 Minuten gehen lassen.
Dann in den vorgeheizten Ofen auf die mittlere Schiene schieben.
Backzeit: 70 Minuten
Elektroherd: 200 Grad
Gasherd: Stufe 4 oder knapp ½ große Flamme
Stollen aus dem Ofen nehmen. Noch heiß mit einem Drittel der Butter bestreichen. Sie muß in den Stollen eindringen. Vanillinzukker mit zwei Eßlöffel Zucker mischen. Über dem Stollen verteilen. Wenn die Butter ganz eingezogen ist, Stollen mit einem Drittel des Puderzuckers bestäuben. Auskühlen lassen. In Alufolie verpackt aufbewahren. Er ist nach vier Wochen so richtig schmackhaft. Die beiden anderen Stollen auf die gleiche Weise backen. Alufolie nicht vergessen!

Register

DIE GUTE SANELLA-KÜCHE

Biedermeier-Kuchen. So lecker, weil Sanella ihn so locker macht.

Hilde Eilers von der Guten Sanella-Küche: „Mit dem ebenso hübschen wie leckeren Biedermeier-Kuchen wird Ihre Kaffeetafel großen Anklang finden."

Zutaten für den Teig: 500 g Mehl, 1 Päckchen Trockenbackhefe, 120 g Zucker, 1/2 TL Salz, abgeriebene Schale 1 Zitrone, 375 g zerlassene Sanella-Margarine, 1/8 l lauwarme Milch, 5 Eier, 175 g Rosinen. Sanella-Margarine für die Form, Guß: 250 g Puderzucker, 1 EL Zitronensaft, 3–4 EL Wasser, kandierte Kirschen und Pistazien zum Garnieren.

Zubereitung: Mehl, Hefe, Zucker, Salz und Zitronenschale in einer Schüssel mischen, die übrigen Teigzutaten hinzufügen und alles mit dem Rührbesen des Handrührgerätes oder der Küchenmaschine zu einem glatten Teig verrühren. Zuletzt die Rosinen unterheben. Den Teig zugedeckt bis zur doppelten Größe aufgehen lassen. Gut durchschlagen, in eine 3 l große Gugelhupfform füllen und nochmals gehen lassen.

Im Backofen bei ca. 200°, Gas Stufe ca. 3 etwa 40 Minuten backen. Aus Puderzucker, Zitronensaft und Wasser einen Guß rühren und den abgekühlten Kuchen damit beziehen. Mit Kirschen und Pistazien garnieren.

Die gute Sanella.
Zum Backen, Braten, Kochen.